家族の心理
変わる家族の新しいかたち

小田切紀子＋野口康彦＋青木聡＝編著
ODAGIRI Noriko　NOGUCHI Yasuhiko　AOKI Akira

金剛出版

| 家族の心理 変わる家族の新しいかたち | ——— **はじめに**

　現在，日本は世界のどの国も経験したことがない高齢社会を迎えている。1950年には高齢者（65歳以上）は総人口の4.9％だったが，継続して増加し，1997年には高齢者が年少（0～14歳）人口を上回り，2015年には26.7％を占めるようになった。総人口に占める高齢者率は，今後も増加していくと予測されている。他方，1970年代後半以降は，出生数・出生率が減少し，1950年に総人口の35.4％を占めていた年少人口は2015年には12.7％となり，少子化の進行が高齢化を推し進めている。さらに，日本は2008年以降，継続的に人口が減少している。このような日本社会の人口構造の変化は，家族のあり方にも大きな影響を与えている。

　家族については，家族関係の希薄化，家族の崩壊や家族の危機，晩婚化，非婚化が指摘されている一方で，統計数理研究所が1953年から5年ごとに実施している「日本人の国民性調査」では，「一番大切なものは何ですか」という質問に対して，「家族」と回答する人の割合は増加し，2013年には44％となり，回答者の半分近くが家族が最も大切と感じている。このように家族は幸せの象徴として語られることは多く，結婚や出産は周囲から祝福される人生のイベントである。しかし，家族がいることが必ずしも幸せに結びつくのではない。ドメスティック・バイオレンス（DV）や児童虐待の発生率の増加がそれを裏付けている。幸せになりたいがゆえに結婚し，子どもを持ち，家族を作ったはずであるが，家族内の人間関係に悩みを抱えている人は多い。家庭内の暴力に対する法律である「児童虐待防止法」，「DV防止法」，「高齢者虐待防止法」は，この家族内の問題に呼応したものである。

　このような複雑さと多様性を内包した家族は，私たちの育ちに大きな影響を与え，家族が私たちにとって特別な存在であることは間違いない。しかし，家族だけで子どもを育て社会化していくことはできない。家族を支える社会のネットワークが機能することで，人は生きていくことが可能になる。結婚しない人，単独世帯が増える現代においては，家族を超えたネットワーク，家族を超えたつながりがとりわけ大きな意味を持つだろう。

　本書は，このような家族を学ぶテキストとして執筆された。本書の特徴は二つ

あり，第一の特徴は家族と人間を発達的な視点から捉え，家族が抱える臨床的問題とそれへの対応について論述していることである。序章「家族とは」では，戦後の家族の歴史を概観し，家族の定義と機能を概説した。第Ⅰ部「恋愛と結婚の心理」では，社会心理学の観点から，家族を作ることの始まりである恋愛と現代日本の結婚の現状，第Ⅱ部「離婚・再婚と家族」では，日本における離婚・再婚の実態とそれが家族構成員に与える影響，第Ⅲ部「人間の発達と家族」では，人間と家族のライフサイクル上の変化，そして特別講義Ⅰ「人間発達の可逆性」では，専門家による深刻な児童虐待ケースの支援について解説した。第Ⅳ部「家族の臨床的課題」では，少年非行，児童虐待などの臨床的問題とそれらへの対応，特別講義Ⅱ「家族療法の基礎」では，課題を抱えた家族を援助する家族療法の基礎を概説している。第二の特徴は，初めて家族について学ぶ人が理解しやすいように，図表を多く掲載し，各章にコラムを設け関連領域や実践例を紹介し，さらに理解を深めたい人のために推薦図書をあげたことである。

　読者の皆様が，本書を読み家族について新しい発見があり，もっと知りたい学びたいと思っていただければ幸いである。

2017 年 5 月吉日　小田切紀子

目次──家族の心理／変わる家族の新しいかたち

はじめに			iii
序章	**家族とは何か**	小田切紀子	003
	Ⅰ　家族の定義		003
	Ⅱ　戦前から今日までの家族の変化		004
	Ⅲ　現代の家族の特徴		005
	Ⅳ　家族の機能		009

第Ⅰ部　恋愛と結婚の心理　　011

第1章	**恋愛の心理**	仲嶺　真	013
	Ⅰ　異性を好きになる理由		013
	Ⅱ　恋愛の進展		017
	Ⅲ　おわりに		024
第2章	**結婚の心理**	加藤　司	027
	Ⅰ　わが国の結婚状況		027
	Ⅱ　結婚生活満足感		029
	Ⅲ　結婚生活におけるストレス		034
	Ⅳ　結婚の現実──結婚幻想		037
	Ⅴ　結婚前教育		042

第Ⅱ部　離婚・再婚と家族　　045

第3章	**日本における離婚の現状**	青木　聡	047
	Ⅰ　結婚と離婚に関する基礎統計		047
	Ⅱ　離婚と子どもに関する基礎統計		056
	Ⅲ　離婚後の養育問題		059
第4章	**再婚家庭と子ども**	小田切紀子	071
	Ⅰ　ステップファミリー(再婚家族)とは		071
	Ⅱ　ステップファミリーの特徴		072
	Ⅲ　ステップファミリーの八つの思い込み		074
	Ⅳ　ステップファミリーの二つの家族モデル		076
	Ⅴ　ステップファミリーの現状と支援		077
	Ⅵ　開かれた家族に向けて		081

第Ⅲ部 人間の発達と家族　　083

第5章　子どもの発達と家族　　野口康彦　085
- Ⅰ　子どもの心理発達と家族　　085
- Ⅱ　不登校　　089
- Ⅲ　いじめ　　097

第6章　中年期・老年期の家族　　井村たかね　103
- Ⅰ　個人のライフサイクルと家族のライフサイクル　　103
- Ⅱ　中年期と家族　　106
- Ⅲ　老年期と家族　　114

特別講義Ⅰ　人間発達の可塑性──児童虐待からの再生　　内田伸子　121
- Ⅰ　孤立する家族と子ども──児童虐待の背景と帰結　　121
- Ⅱ　FとMの物語　　125
- Ⅲ　子どもは変わる・大人も変わる──人間発達の可塑性　　131

第Ⅳ部　家族の課題とその支援　　137

第7章　少年・家事事件の現状　　町田隆司　139
- Ⅰ　はじめに　　139
- Ⅱ　少年事件　　140
- Ⅲ　家事事件　　150
- Ⅳ　おわりに　　158

第8章　子ども虐待と被虐待児(者)の心理　　野口洋一　161
- Ⅰ　子ども虐待問題に対する視点　　161
- Ⅱ　虐待する親とその要因　　162
- Ⅲ　被虐待児(者)の心理と発達　　166

特別講義Ⅱ　家族療法の基礎　　中村伸一　173
- Ⅰ　家族とは　　173
- Ⅱ　家族療法とは　　177
- Ⅲ　家族の構造モデル　　180
- Ⅳ　家族の歴史を紐解く──ジェノグラムとそれを用いた事例　　182
- Ⅴ　おわりに　　187

あとがき　　191
索引　　192

家族の心理
変わる家族の新しいかたち

序章	家族とは何か
	小田切紀子 Noriko Odagiri

この章のねらい | 家族は,どの時代,どの社会にも存在するが,家族が果たす機能や家族メンバーが担う役割は変化している。本章では,明治時代以降の日本の家族を概観し,家族の現代的特徴である家族の個人化と家族構造の変化などについて理解を深める。

キーワード | 家族の機能,家族の個人化,性別役割分業,女性の社会進出

I 家族の定義

　誰もが一生に一度は,子どもとして親として,夫や妻として家族を経験する。そのため家族はあまりにも身近で自明なものに感じられるが,個人の持つ家族のイメージは一様ではない。どのような条件を備えていれば家族といえるだろうか。あるいは,家族であることの条件とは何だろうか。一般に,家族は夫婦と親子関係というつながりと生活空間を共にする集団であり,婚姻と血縁関係,共に暮らすことが家族といえるが,これだけでは家族の定義は不十分である。主観的・心理的な家族の基準,つまり誰を家族と思うか,誰を家族とみなすかという「ファミリーアイデンティティ」(上野,1994) の考え方が,役に立つ。これに従えば,家族のメンバー間でも,誰を家族とするは異なる。つまり家族は,血縁関係と婚姻関係,生活空間を共にするという客観的な境界と,「この人は私の家族である」という心理的な境界があり,この2種類の境界が一致しないと人は強いストレスにさらされる (Boss, 2001)。

Ⅱ 戦前から今日までの家族の変化

1. 戦前から戦後の家族

　第二次世界大戦前まで,日本の旧民法(明治民法／明治 31 年(1898 年)制定)は,江戸時代に発達した武士階級の家父長制的な家族制度を基にした「イエ制度」を規定し,「イエを存続させること」が家族の存在意義だった。子どもの養育・教育,仕事の訓練,高齢者の世話は家族が行うべきことであり,イエを存続させるために,家業を継承し,嫁をもらい,後継ぎを作り,墓を守った。しかし,戦後の家族制度は,このイエ制度を廃止し,個人の尊厳と男女の平等を基に制定された。具体的には,①戸主制度(戸主による家族の支配)が廃止され,②妻も行為能力者となり,③夫婦の平等が徹底され,④明治民法での「父」の子に対する親権は,父母の共同親権に改められ,親権が「親の権力」,「支配権」から子の監護の義務という意味合いを強く持つようになった。また,相続法でも「家」を継ぐ家督相続ではなく財産相続になり,長男子単独相続は廃止され,妻や長男子以外の子どもにも相続権が認められるようになった(星野,1994;大村,1999)。

2. 高度経済成長期の家族

　日本経済が飛躍的に成長した 1954 年(昭和 29 年)から 1973 年(昭和 48 年)までの約 19 年間を高度経済成長期という。この高度経済成長を支えたのは,「夫は仕事,妻は家事・育児」という性別役割分業である。夫が企業の要請に応えて長時間労働に従事している間,妻は家事と子育てを引き受けた。その結果,日本の経済は急成長し,家族は電化製品(冷蔵庫やテレビなど)や自家用車,最終的には家を購入し,物質的,金銭的な豊かさを手に入れた。高度経済成長期には,離婚率が低かったが,夫婦には豊かな生活と生活水準の向上という共通の目標があったためと言われている。

3. 低成長期の家族

　1973 年(昭和 48 年)にオイルショックが起き,経済の持続的成長が失われた。高度経済成長期までは妻の多くは専業主婦であったが,低成長期には,高度経済成長期の豊かさを維持していくために,妻もパート勤務などで就労し,共働き夫婦が増加していった。1975 年(昭和 50 年)頃が専業主婦のピークであり,その後,女性の社会進出に伴い,平均初婚年齢の上昇,晩婚化,出生率の低下が生じ,少子高齢化が始まった(山田,2005)。

Ⅲ 現代の家族の特徴

1. 欧米諸国との比較

　現代の日本の家族の特徴は，単身世帯の増加，ひとり親世帯の増加，再婚の増加，晩婚化，出生率の低下であり，これらは欧米諸国と同様の現象である。他方，婚外子の増加と性別役割分業の緩和は，日本では認められない。日本では，出生する子どもの98％は婚姻関係にある男女の摘出子であり，そのため晩婚化や未婚率が，出生率の低下につながっている。婚外子の増加は，北欧と西欧では，事実婚や同性婚などの法律婚以外の非婚カップルの増加によってもたらされている。しかし，日本は非婚カップルに子どもができた場合，法律婚をしないで婚外子となる割合は極めて低い（厚生労働省，2015）。欧米で婚外子が増加している背景には，1970年代以降の欧米諸国での事実婚の保護と婚外子差別の撤去などの制度改革がある。他方日本では，非婚カップルに法律婚同様の優遇措置が認められておらず，婚外子への住民票と戸籍の差別表記は撤廃されたが，相続税法上の差別は依然としてある。

　また，性別分業役割については，年齢層別女性労働力率の国際比較を見ると，欧米では，出産・育児期に関係なく，高い労働力パターンになっているが，日本と韓国では，出産・育児期の年齢層の女性の労働力が落ち込む「M字型労働力曲線」が維持されている（図①）。このことは，日本では依然として，性別役割分業が維持されていることを示している。

2. 家族構成の変化

　家族の構成メンバーの数は減少し家族の縮小化が進んでいる。三世代同居家族が減少する一方で，夫婦のみの世帯，ひとり親世帯が増加している（図②）。多くの人が家族のイメージとして持つ「夫婦と子どもからなる世帯」は3分の1以下である。他方，65歳以上の高齢者のいる世帯は，2015年は2,152万世帯で，全世帯の41.5％を占めており，高齢者の一人暮らしまたは夫婦のみの世帯が増加している（図③）。65歳以上の男性の8人に1人，女性の5人に1人が一人暮らしである。

3. 家族の個人化

　社会の変化に伴い，家族の個人化が進行している。日本ではじめて「家族の個人化」を提唱した目黒（1987）によると，「家族生活は個人にとって選択されライフスタイルのひとつ」であり，誰といつどのような形のパートナーシップを持つのか，子どもを持つか持たないかなど家族形成にかかわることが，個人の選択

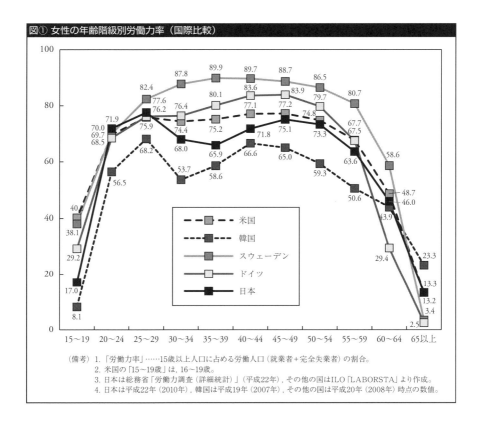

図① 女性の年齢階級別労働力率（国際比較）

（備考）1．「労働力率」……15歳以上人口に占める労働人口（就業者＋完全失業者）の割合。
2．米国の「15～19歳」は、16～19歳。
3．日本は総務省「労働力調査（詳細統計）」（平成22年）、その他の国はILO「LABORSTA」より作成。
4．日本は平成22年（2010年）、韓国は平成19年（2007年）、その他の国は平成20年（2008年）時点の数値。

に委ねられる傾向にあるという。家族の個人化が進む要因は、第一に人生の長期化、第二に女性の社会進出、第三に生活単位の個別化がある。

（1）**人生の長寿化**／日本人の平均寿命は男性80.79歳、女性87.05歳であり、男性は世界で6位、女性は世界1位である（世界保健機構、2016）。人生の長寿化は、子どもを養育したあとの長い人生を親役割から離れ個人としてどのように生きるかという課題をもたらしている。

（2）**女性の社会進出**／1970年代以降、第三次産業であるサービス産業が成長し、それに伴い女性の就労が伸びた。日本と北米、北西ヨーロッパで女性の労働力率が上昇し、女性も個人として経済力を持つようになった。日本の既婚女性の場合、パート就労が多く経済的に自立している女性は多くないが、女性が個人の収入を得ていることは、家族の個人化を促す。

（3）**生活単位の個別化**／情報社会の進展とともに生活単位が個別化している。

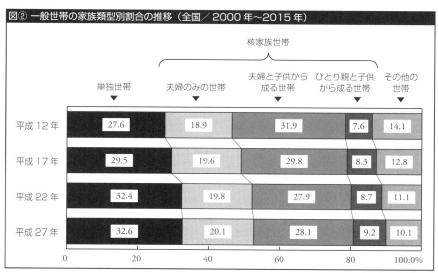

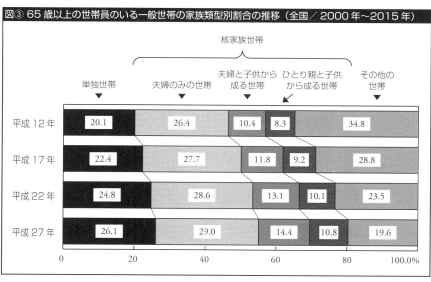

　家族がそれぞれが携帯電話やパソコン機器を持ちインターネットを通して，音楽や買物，外部の人との交流を楽しみ，個人が外の世界と個別につながっている。このような生活の個人化が，家族の個人化を促している。

　家族の個人化は，家族関係の希薄化というイメージを持たれやすいが，家族

が個人化した状態では，家族メンバー同士は，経済的あるいは生活上の相互依存のために結びついていないので，「最も求められるのは個人間の情緒性」（目黒，1987）となり，家族は情緒的絆によって結びついている。このことは，家族の機能からも理解できる。

COLUMUN ｜ 家庭内のシャドウ・ワーク　　　　　　　　　　宇井美代子（玉川大学）

　内閣府（2016）が継続的に行っている世論調査の結果をみると，「夫は外で働き，妻は家庭を守るべきである」という考え方に対して，反対する者（「反対」あるいは「どちらかといえば反対」と回答した者）の割合は1992（平成4）年において34.0％であったが，2016（平成28）年に54.2％となった。近年になるにつれて，性別分業に対して否定的な意見を持つ者が多くなる傾向が見られる。この結果から考えると，「夫は外，妻は家庭」という性別役割分業とは異なる家族のあり方が増加していくと予測される。しかし，実際には夫や妻がそれぞれ自分の意見だけにもとづいて，自分の行動を決めていくことは難しい。たとえば，女性の社会進出の難しさ，配偶者控除といった税制度などの社会的要因が夫と妻の選択に影響を与えるだろう。さらに，妻自身が働きたいと思っていても，その夫が反対する場合や，夫が反対していなくても夫自身の仕事が忙しすぎる場合には，自分が家事に専念することを妻自身が選択するということもありえる。逆に，夫が専業主夫になりたいと思っても，その妻が反対する場合や，妻が就労しておらず稼ぎがない場合には，家庭に入ることを断念するということもあるだろう。このように，夫と妻の選択は個人の意向だけではなく，夫婦の関係性の影響を受ける。土肥（2000）は，当事者の外側からは見えにくい親密な個人的な関係における諸活動を，イヴァン・イリイチの用語を援用して「シャドウ・ワーク」と名づけた。土肥はさらに，シャドウ・ワークによって夫や妻の行動の選択がなされ，その行動が夫婦以外の社会へと影響を与えることから，シャドウ・ワークに着目していく必要性を論じている。土肥の議論を踏まえると，家族心理学はまさにシャドウ・ワークに着目しており，今後の社会を予測する上で重要な研究領域であると考えられる。

文　献

土肥伊都子（2000）．恋愛，そして結婚．藤田達雄・土肥伊都子（編）女と男のシャドウ・ワーク．pp.2-18，ナカニシヤ出版．

内閣府（2016）．男女共同参画社会に関する世論調査．[http://survey.gov-online.go.jp/h28/h28-danjo/index.html]

Ⅳ 家族の機能

　家族の歴史を見ると，伝統的社会では，家族は生活資源の獲得と消費が主な機能であり，その時代の家族は，性的，経済的，生殖的，教育的な4つの機能を有していた。近代産業社会になると，生活資源の大量生産と大量消費，仕事の分業と給与生活者を生み，仕事と家庭に分離，男女の性別役割分業が進み，家族の機能は，子どもの社会化，生活の保障，情緒の安定の三つに変化した。

1. 子どもの社会化

　子どもは，家族の中で親によるしつけを通して，社会で生きていくために必要なことを習得する。具体的には，朝起きてから夜寝るまでの生活習慣や，さまざまな生活の技術と知識，善悪の判断などを学ぶ。それを基に，学校などの集団で学習し社会の一員として成長する。つまり，家族は，子どもに対して，子どもが所属する文化や社会の行動様式や規範を身につけさせ，社会に適応できる人間に育てる重要な役割を果たしている。

2. 生活の保障

　家族は，住居，食事，家計を共にして日常生活を送るが，単身赴任などのために一緒に暮らし食事を共にすることが難しいこともある。そのような場合でも，家族は家計のつながりを保ち，相互に生活を支え合う機能を果たしている。しかし，家族だけが個人の生活を保障するには限界があり，社会的支援があってはじめて家族の生活は保障される。

3. 情緒的安定

　家族は，寛ぎの場，緊張を開放する休息の場として家族メンバーに心理的安定を与え，それが社会の安定化をもたらしている。結婚するカップルに「どんな家庭を築きたいか」と尋ねると，「リラックスできる，のんびりできる家庭を作りたい」と答えることが多く，家族に癒しや憩いを求めていることがわかる。職場や学校での業績評価や人間関係から解放され，家庭では寛いで過ごし心理的安定を得たいのだろう。その一方で，家族は夫婦，親子という情緒的に親密な人間関係で成り立っているため，ドメスティック・バイオレンス，児童虐待などの家庭内暴力や，介護や相続をめぐる対立も起きやすく，家族は情緒的安定とストレスという相反する状態を生み出している。

　以上，家族の歴史と機能を概観してきたが，家族心理学という心理学の領域が確立したのは1982年であり，同年に家族療法と発達心理学の研究者によって，「家族心理学会」が設立された。家族心理学では，個人，家族，社会は相互に影

響を及ぼしていると考え，家族内の人間関係の特徴を広い視野から見て，家族の心理を解明しようとしている。

文　献

Boss, P.（2000）. *Ambiguous Loss: Learning to Live with Unsolved Grief.* Harvard University Press.（南山浩二訳（2005）「さよなら」のない別れ 別れのない「さよなら」——あいまいな喪失. 学文社）
星野英一（1994）. 家族法. 放送大学教育振興会.
厚生労働統計協会（2015）. 平成 27 年人口動態統計.
目黒依子（1987）. 個人化する家族. 勁草書房.
大村敦志（1999）. 家族法. 有斐閣.
総務省統計局（2016）. 国勢調査集計結果 3——世帯の種類・家族類型.
世界保健機構（2016）. 世界保健統計 2016.
上野千鶴子（1994）. 近代家族の成立と終焉. 岩波書店.
山田昌弘（2005）. 迷走する家族——戦後家族モデルの形成と解体. 有斐閣.

BOOK GUIDE

中釜洋子・野末武義・布柴靖枝・無藤清子『家族の心理』 有斐閣ブックス，2008 年｜家族心理学を基礎から学びたい人に向けて書かれており，家族について鍵となる理論や概念の紹介に加えて，後半では臨床的問題を抱えた家族への援助について触れている。各章にコラムが設けられ，家族心理学の関連領域についても学べるようになっている。

長津美代子・小澤千穂子『新しい家族関係学』 建帛社，2014 年｜乳児期から高齢期までの家族について，理論やデータを示しながら説明するとともに，社会の変化を見据えて，これからの家族の在り方についても言及した本である。各章に用語解説やコラムが設けられ，家族心理学と家族社会学について基礎から学べる本である。

湯沢雍彦『データで読む平成期の家族問題』 朝日選書，2014 年｜平成 25 年間で日本の家族が，世帯構成，親子関係，生活水準，結婚・離婚・再婚，介護，児童虐待などにおいて，どのように変容したかについて，詳細なデータを用いて，欧米と比較し平成の家族像を示している本である。

（おだぎり・のりこ／東京国際大学）

家族の心理／変わる家族の新しいかたち

第Ⅰ部 恋愛と結婚の心理

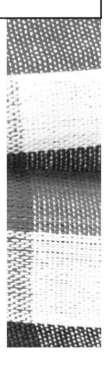

第Ⅰ部　恋愛と結婚の心理

第1章　恋愛の心理

仲嶺 真 Shin Nakamine

この章のねらい｜現代日本では，9割の夫婦が結婚前に「恋愛」をしている（国立社会保障・人口問題研究所，2015）。恋愛が「家族」の入り口になっているのである。本章では，「家族」の入り口である恋愛に関する心理学の研究成果を紹介する。恋愛に関する心理学の研究は，大きく分けると二つの分野がある（松井，1993）。一つは，人はなぜ人を好きになるのか，どんな人が好かれやすいのかなど，人が人に魅力を感じる理由（対人魅力）について研究する分野である。もう一つは，恋愛中に起こる独特の心理や行動について研究する分野である。恋愛に関する心理学の研究は，これまで異性との恋愛に注目してきたため，本章でも，異性関係に注目した研究を紹介する。はじめに対人魅力に関わる研究を，その後，恋愛中の心理や行動に関わる研究を紹介する。

キーワード｜外見的魅力，返報性，性差，関係構築，失恋

Ⅰ　異性を好きになる理由

人（異性）を好きになる理由はさまざまである。「やさしさ」が重要と答える人もいれば，「信頼できる」ことが重要と答える人もいる。性格よりも「相手の見た目」が大事と答える人もいる。異性を好きになる理由について尋ねると，さまざまな理由が挙げられる（金政・相馬・谷口，2008；松井，1993）。

1. 外見的魅力

上に述べたように，異性を好きになる理由は多様である。しかし，対人魅力に関わる研究では，男性であろうと，女性であろうと，「見た目（外見的魅力）」が重要であることがわかっている。この領域で最も有名な研究は，ウォルスターらが行ったコンピュータ・デート実験である（Walster, Aronson, Abrahams, & Rottman,

1966）。実験の手続きを簡単に紹介しよう。まず，ウォルスターらは，「いくつかの質問に答えることで自分に最適な相手をコンピュータがみつけてくれるダンスパーティーを開催します」と宣伝し，パーティーに参加してくれる大学の新入生を集めた。集まった新入生は，パーティー前に性格などを調べる質問に答え，コンピュータによって自分に最適な相手を教えてもらった。しかし，新入生には知らされていなかったが，実のところコンピュータは最適な相手を選んでいたわけではなく，ランダムに相手を選んでいた。また，新入生が質問に答えているとき，新入生の見た目がどの程度魅力的かもひそかに調べられていた。何も知らない新入生は，選ばれた相手とパーティーを一通り楽しんだ後，相手と今後デートしたいかなどの好意度について質問された。

このように調べられた新入生の性格や「見た目」と，好意度との関係を調べてみると，男性であろうと女性であろうと，好意度と関係していたのは性格よりも「見た目」であった。見た目が魅力的な人ほど，パーティーの相手から再びデートしたいなどの好意をもたれていたのである。

ウォルスターらの研究だけでは，信じられないと思うかもしれない。しかし，その後も，多くの研究で「見た目」と好意度との関係が調べられ，男性でも女性でも見た目が魅力的な人ほど好意をもたれやすいことがわかっている（越智，2013）。

ただし，常に「見た目」が重要とは限らない。たとえば，男性から「ナンパ」された女性は，男性の「見た目」よりも，男性が悪い人ではなさそうと思ったときや，危険な感じがしないと思ったときに，「ナンパ」してきた男性と話をする（仲嶺，2015）。都会の場合，見た目が魅力的な人の方が好かれやすいが，田舎の場合はそのようなことはないと主張する研究者もいる（Plaut, Adams, & Anderson, 2009）。つまり，安全な状況や，都会などのように付き合う異性を自分で選びやすい状況で，「見た目」は人を好きになる理由として重要である一方，危険な状況や，田舎などのように付き合う異性を自分で選びにくい状況では，「見た目」はそこまで重要にならないと考えられる。

2. 返報性

初めは特に気にしていなかった異性から「好き」と言われ，その異性のことがなんとなく気になりだし，好きになってしまったという経験はないだろうか。自分に対して好意を抱いてくれる相手のことを好きになりやすいという現象は，好意の返報性と言う。恋人を好きになった理由を大学生に聞いたところ，好意の返報性を挙げる人は多かった（金政他，2008）。

でも，少し考えてみてほしい。果たして異性に好意を示したら，その異性から

常に好意を返されやすくなるのであろうか。たとえば，多くの異性に好意を示す人は，多くの異性から好かれるのであろうか。そのような人はむしろ，「遊び人だ」などの印象を受け，あまり好かれないのではないだろうか。このことをスピード・デート（speed-dating）という手法を用いて調べた研究（Eastwick, Finkel, Mochon, & Ariely, 2007）がある。スピード・デートとは，何名かの異性と数分間の「デート」をするイベントである。1対1の合コンを短い時間で何回もするイメージに近い。イベントに参加した人は，異性と数分間の「デート」を楽しんだ後，今「デート」をした相手がどの程度好ましいかという質問に答える。このように，異性と「デート」して，その異性の好ましさを答えることを，スピード・デートに参加した異性の人数と同じ回数行う（たとえば，男性5名と女性5名が参加したなら5回）。このように調べれば，多くの異性を好ましいと答えた人の方が，実際に多くの異性から好かれているのかが検討できる。つまり，好意の返報性が生じているかどうかがわかる。

> **COLUMUN｜インターネット上での出会い**
>
> インターネット上で出会う相手は「見た目」がわからないことも多く，「見た目」と関係なく好きになり，恋愛関係になることもある（ただし，最近は，インターネット上に写真を載せる人も多くなってきたため，「見た目」が影響する場合もある）。では，実際に，インターネット上での出会いはどの程度あるのであろうか。カシオッポらが，インターネット上で出会った相手と結婚した人がどの程度いるのかを調べたところ，アメリカでは結婚する男女の約35％（3組に1組程度）は，インターネット上で相手をみつけていた（Cacioppo, Cacioppo, Gonzaga, Ogburn, & VanderWeele, 2013）。さらに，インターネット上で出会った方が，普通（オフライン）に出会うよりも離婚率がわずかながら低かった（インターネット／5.9％，オフライン／7.7％）。日本でこのような本格的な研究はまだ行われていないが，15～29歳の女性3,000名に，「インターネットで知り合った男性と対面で会った経験があるか」を尋ねた研究によると，女性の23.4％はインターネットで知り合った男性と対面で会った経験があった（橋元・千葉・天野・堀川，2015）。インターネットを通じて知り合い，恋愛や結婚に発展する可能性は，アメリカに比べると低いものの，日本においても一定程度はインターネットが出会いの場になりえているのである。日本では，独身の人に結婚できない理由を尋ねると，「適当な相手にめぐり会わない」と答える人が多い（国立社会保障・人口問題研究所，2015）。インターネット上での出会いの良い面と悪い面を理解し，インターネットを出会いの場として利用することは，適当な相手にめぐり会うきっかけを増やす手段になるかもしれない。

調べてみたところ，多くの異性に好意をもった人が異性から好かれやすくなるという好意の返報性は生じていなかった。むしろ，そのような人は好かれていなかった。

では，好意の返報性は起こらないのであろうか。実は，好意の返報性には2種類ある。一つは一般的返報性（generalized reciprocity）と呼ばれ，一般的に他者を好きになる人の方が，他者から好かれやすくなることである。もう一つは二者間返報性（dyadic reciprocity）と呼ばれ，特定の二人の間にだけ生じている返報性である。先のスピード・デートの研究で，二者間返報性についても調べたところ，二者間返報性は生じていた。つまり，多くの異性に好意をもつ人ではなく，特定の異性にだけ好意をもった人が，その異性から好かれていた。友人関係であれば，一般的返報性も成立することが知られている。しかし，恋愛関係になると一般的返報性は成立せず，むしろ，返報性が生じる上で重要なのは，特定の相手にだけ好意をもった場合である。ただし，返報性が生じるためには，たんに好意をもつだけでなく，その好意を相手に気づいてもらうことが重要である（Luo & Zhang, 2009）。

3.「のめりこみやすさ」の性差

男性と女性，相手に好きな気持ちを抱きやすいのはどちらであろうか。恋愛の初期の「好きな気持ち」を男女で比較したところ，男性の方が女性に比べて，相手に対する「好きな気持ち」が強かった。しかし，恋愛関係が進んでいくと，男性と女性で相手に対する「好きな気持ち」の強さに違いがなくなることもわかっている（松井，1993）。つまり，男性の方が女性に比べて，相手に対して早くから「のめりこむ」のである。

では，なぜ男性の方がのめりこみやすいのであろうか。フィンケルとイーストウィックは，先に紹介したスピード・デートという手法を用いて，男性と女性の「のめりこみやすさ」の違いについて調べている（Finkel & Eastwick, 2009）。フィンケルとイーストウィックは，スピード・デートのイベントを15回開催した。各回のスピード・デートのやり方は，先に紹介したように，1対1の短時間の合コンを何回も繰り返すような方法で行われた。ただし，少しだけ工夫がされていた。15回のイベントうち8回のイベントでは，男性が女性のところへ移動し，残りの7回のイベントでは，女性が男性のところへ移動するようになっていた。そして，男性が女性のところへ移動したときと，女性が男性のところへ移動したときでは，男女で相手に対する「のめりこみやすさ」が違うのかを調べた。すると，男性が移動したときは，男性の方が女性に対して好きな気持ちをより強くもっていた。つまり，男性の方が女性に「ゾッコン」であったということであり，これまでの研究成果と同じ結果が得られた。しかし，女性が移動したときは，男

性と女性で相手に対する好きな気持ちの強さに違いはなかった。つまり，男性の方が女性に比べて「のめりこみやすい」という結果は得られず，男性も女性も同じくらい相手に「ゾッコン」であった。

　なぜ，このような違いが生じたのであろうか。理由の一つとして，恋愛における男女の役割の違いが考えられる。多くの場合，恋愛関係を始めるときには，男性が女性をリードすることが求められているであろう。したがって，男性は女性にアプローチしなければならない。アプローチするときには，「どのように話しかけたらいいだろう」などと考えたり，緊張したりする。アプローチする側には苦労が伴うのである。このような大変なことをしてまでアプローチするのだから，その女性は魅力的だと思い込まないと男性はやってられない。だから，男性は恋愛の早い段階から女性にのめりこむのであろう。一方，女性はアプローチされる側のため，アプローチする苦労はないし，男性が魅力的だと思い込む必要はあまりない。だから，女性は恋愛関係が進まないと，男性にのめりこまないのであろう。しかし，役割が変わる，つまり女性がアプローチする側となり，男性がアプローチされる側になると，苦労するのは女性であり，男性はあまり苦労しない。そのため，男性も女性も同じくらい相手にのめりこむのであろう。異性を好きになる理由を理解するときには，「恋愛において男女はそれぞれこうすることが望ましい」などの性役割についても考慮する必要があると考えられる。

II　恋愛の進展

　恋愛関係は急に始まるものではない。ある程度，段階を踏まえながら恋愛関係は進んでいく。やっとの思いで恋愛関係になったとしても，その関係を続けることは一筋縄ではいかない。うまくいく関係もあれば，うまくいかない関係もある。恋愛はどのように進んでいくのか，そして，恋愛を続けるために重要な要因は何なのであろうか。また，悲しくも，恋愛関係が終わったとき，男女の気持ちにはどのような違いがあるのであろうか。

1. 恋愛行動の進展

　日本の大学生の恋愛行動はどのように進んでいくのであろうか。日本の大学生の恋愛行動を調べた研究（松井，2006）によると，恋愛行動には五つの段階があるとされる（図①）。第1段階では，「友人や勉強の話」など「友愛的会話」をし，次第に「悩みを打ち明ける」など内面を開示していく。第二段階では，「用もないのに電話」をするようになり，「デート」など「一緒の行動」をするよう

になる。第3段階では「キス・抱き合う」をするようになるが，「別れたいと思う」こともある。第4段階では，「恋人として友人に紹介」したり，「セックス」をするようになる。第5段階では，「結婚の話」をし，「求婚」，「結婚の約束」を行い，「結婚相手として親に紹介」するという順に，行動が進んでいく。

このような恋愛行動の5段階は，1980年代と2000年に調べられたものであり，少し古いかもしれない。ただし，1980年代から2000年という約20年の間に，全体的な流れに特に変化はないことがわかっている。2000年から20年近く経った現在においては，若干の変化はあると考えられるが（たとえば，電話がLINEに変わる，BF・GF（ボーイフレンド・ガールフレンド）という言葉では紹介しなくなる），1980年代から2000年の約20年間で大きな変化がなかったことを踏まえる

COLUMUN｜初対面の相手と会話をするとき

初対面の異性と話をするとき，どうやったら相手に好ましく思ってもらえるのかは，気になるところであろう。コミュニケーションが上手な人はあまり気にならないかもしれないが，あまり上手でない人にとっては，重要な問題となるかもしれない。一つの解決策としては，コミュニケーションが上手くなるように練習すれば，相手から好ましく思ってもらえるようになるであろう。しかし，コミュニケーションが上手くなるのは，そう簡単なことではない。コミュニケーションが上手くならなくても，相手から好ましく思ってもらえる方法はないのだろうか。実は，コミュニケーションが上手くなくても，相手との「相性」次第では，好ましく思ってもらえる可能性がある。仲嶺・相羽（2015）では，初対面の男女44組に実験に参加してもらった。実験に参加した人たちは，事前に「自分はコミュニケーションが上手いと思うか」（関係開始スキル）について調べられており，上手いと思っている人も思っていない人も実験に参加していた。実験では，初対面の異性と10分間自由に会話した後，会話した相手の好ましさについて質問され，どのような人が好かれているのかが調べられた。すると，コミュニケーションが上手くないと思っている人（男性・女性）は，コミュニケーションが上手くないと思っている異性（女性・男性）からはあまり好かれていなかったが，コミュニケーションが上手いと思っている異性（女性・男性）からは好かれていた。この原因としては，話している時間のバランスが重要であったと指摘されている。つまり，コミュニケーションが上手くなくても，自分なりに頑張って話したり，相手の話をよく聞いたりして，お互いに話している時間が同じ程度になることが，初対面の相手から好かれるためには重要なのかもしれない。

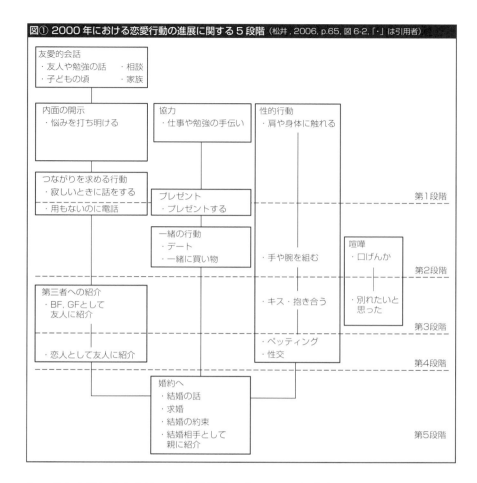

と，現在も同じような流れで恋愛行動が進んでいくと考えられる。

2. 恋愛関係の維持に関わる要因——コミットメント

恋愛関係を維持するには，コミットメントが重要である（古村，2016）。恋愛関係などの親密な関係におけるコミットメントとは，簡潔に言えば，「関係を維持しようとする気持ち」である。コミットメントには，付き合っていることによって良いことがある（たとえば，幸せな気持ちになる）ため，関係を続けようと思う側面と，別れると嫌なことがあったり（たとえば，恋人がいないと寂しい），付き合うことに義務感や責任感を感じたりする（たとえば，別れると相手に申し訳ない）ために，関係を続けなければいけないと思う側面がある。前者は接近コミットメント，後者は回避コミットメントとも呼ばれていて，接近コミットメントが高いと

精神的に健康であるけれども，接近コミットメントが低く，回避コミットメントが高いときは，精神的に不健康であることがわかっている（古村，2016）。つまり，一緒にいて楽しいから付き合っているなどのように積極的な気持ちで関係を続けようとするときは，精神的にも健康であるが，積極的に関係を続けようとは思っていないけれども，別れると面倒だからといった理由で仕方なく関係を続けているときには，精神的に不健康になってしまう。恋愛関係を続ける人たちが幸せになるためには，単に関係を続ければいいわけではなく，どのように関係を続けていくかが重要なのである。

3. 恋愛関係が終わる季節

　恋愛関係がうまくいかなくなれば，二人は別れることになる。実は恋愛関係

COLUMUN | 同棲から結婚へ――「流れ」と「心構え」

　「結婚前に同棲して，一緒に生活できるかどうか確かめたい」。このようなセリフを聞いたことはないだろうか。恋人たちが結婚のことを考えて同棲するときによく使われるセリフの一つと考えられる。ここ10年間，日本において同棲経験のある人は5％～8％程度で推移しており（国立社会保障・人口問題研究所，2015），同棲をする恋人たちはそれほど多くはないものの，一定の割合で存在している。同棲を経て結婚することは，結婚したときにメリットをもたらすのであろうか。アメリカでは，同棲を経て結婚した人たちの結婚に対する満足感は，同棲をしないで結婚した人たちに比べて，低いことがわかっている（Stanley, Rhodes, & Markman, 2006）。同棲を経て結婚すると，結婚生活がうまくいかないのである。このようなことが生じる原因を，スタンレーらは，「流れ（sliding）」と「心構え（deciding）」という二つの観点を用いて説明している。何となく同棲を始め何となく結婚する，つまり結婚や交際を続けることに明確な意思もなく，何となく交際を続け，自然の流れで結婚をした場合（「流れ」），関係を終わらせることによるデメリットが大きいから付き合っているだけになってしまう。そのため，交際・結婚している二人は関係に不満足感をもつ。一方，お互いに結婚の意思をもち，互いがそれを共有している場合は（「心構え」），お互いが二人の関係をより良いものにしようとし，デメリットもあるかもしれないが，メリットがあるから付き合っている状態になる。このように，二人の関係が変わるとき（たとえば，同棲を始める，結婚をする），「流れ」か「心構え」かによって，なぜ関係を続けようと思うかという気持ちが異なる。同棲をする場合は，自然の成り行きに任せず，お互いに将来の展望をもつことが重要かもしれない。

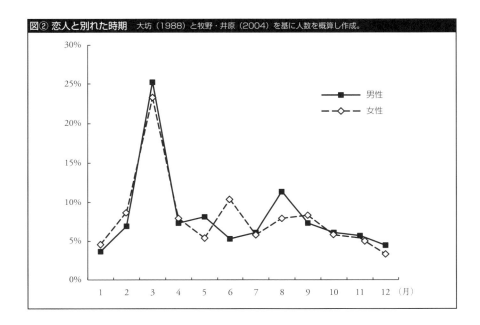

図② 恋人と別れた時期　大坊（1988）と牧野・井原（2004）を基に人数を概算し作成。

が終わる季節には規則性があることがわかっている。恋人と別れた時期を大学生に質問したところ（大坊，1988；牧野・井原，2004），3月に別れたと答える人が圧倒的に多かった（図②）。つまり，3月に別れのピークがある。3月は年度の変わり目である。今までの土地から離れたり（たとえば，入学・入社に伴う引っ越し），新しく恋愛をする相手と出会う可能性に期待が高まる時期でもあろう。そのため，これまでの関係を見直し，新たなステップを踏むために，年度の変わり目に別れを選択する人が多くなると考えられる。

4. 別れの主導権

別れは，告げるのも告げられるのも，とても辛い出来事であろう。このような辛い出来事を切り出すのは女性の方が多い（松井，1993）。つまり，別れの主導権は女性にある。なんとなく別れ話になった恋人たちも一定層はいるが，「なんとなく別れ話になった」と報告するのは女性に比べて男性の方が多い（松井，1993）。恋愛関係を始める際はリードしていたと考えられる男性が，別れのときは女性に主導権を握られるため，「なんとなく別れ話になった」と思うことで，体面を保とうとしているのかもしれない。

辛い出来事であるにもかかわらず，別れを切り出した人たちは，なぜ別れを切り出したのであろうか。別れを切り出した理由について尋ねると，女性は「相手

を嫌いになった」「価値観の不一致」「飽きた」などと答える。男性は「他に好きな人ができた」や、「価値観の不一致」と答える（大坊，1988；牧野・井原，2004）。女性は「別れよう」と決意して別れを切り出しているようにみえる。

　先ほど，3月に別れのピークがあると述べたが，そこに着目すると，牧野・井原（2004）が面白い結果を示している。牧野・井原（2004）は，恋人と別れた時期を質問するとともに，別れを切り出したのはどちらかについても質問した。そして，どの月に，男性と女性のどちらが別れを切り出しやすいかについて調べたところ，別れのピークである3月に関しては，男性の方が別れを切り出しており，女性は別れを切り出される方が多いことがわかった。つまり，全体として最も別れやすい季節には，男性の方が別れの主導権を握っているのである。なぜこのようなことが起こるのであろうか。この結果の解釈にはいくつか考えられるが，以下に一つの解釈を述べておこう。「土地を離れる方が別れを告げる可能性」である。牧野・井原（2004）の調査に協力した者の大部分は大学1年生であった。県外大学への進学率は男性の方が高く（文部科学省，2016），男性の方が大学進学のために今まで住んでいた土地を離れている。新しい環境にワクワクしたり，あるいは，自分が土地を離れる申し訳なさから，男性は3月に別れを切り出しやすい

COLUMUN | 許すことはいいことだ

　恋人との間に嫌な出来事が起こったり，恋人から嫌なことをされたりしたとき，あなたならどうするだろう。恋人を許すだろうか。それとも，恋人を許さず，怒ってしまうだろうか。恋人のいる大学生に対し，嫌なことが起きたときに恋人を許すか，許さないかを尋ね，その約10カ月後に，そのときの恋人と今も付き合っているかを質問したところ，恋人を許しやすい人は10カ月後も関係が続きやすく，恋人を許しにくい人は10カ月後に関係が終わっていやすいことがわかった（Kato, 2016）。恋人を許しやすい人は，恋人との間に何らかの葛藤が生じたとき，話し合いをするなど関係を修復するような行動をとりやすい一方，恋人を許さない人は，葛藤に向き合うのを避けるなど関係の修復に向かいにくい行動をとりやすい。そのため，恋人を許さないよりも，許すことによって，互いにとってより良い方向で葛藤を解決することが望ましいと考えられる。ただし，何でも許せばよいということではない。実際には相手に一因があるのに，トラブルの原因や責任が相手にないと考えると，そのときは満足を得やすいが，問題そのものが解決していないため，長期的にみれば不満足を導く（金政他，2008）。恋人との間に何らかの問題が生じたときは，問題を解決した上で許すことが重要と考えられる。

のかもしれない。残される方は，残されるだけでも哀しいのに，一方的な別れを告げられてさらに追い討ちを食らうこともあるのだろうか。

5. 失恋後の気持ち

恋人と別れるとき，別れ話をせず「自然消滅」する場合もあるが，多くの恋人たちは別れ話をして別れる（牧野・井原，2004）。別れるときにどのような行動をとったかについて大学生に質問したところ，大きく分けて三つの行動がみられることがわかった（金政他，2008）。一つ目は，納得するまで話し合ったり，別れないように相手を説得したりする「説得・話し合い」，二つ目は，実は納得していないが，相手の考えを尊重して別れることを受け入れる「消極的受容」，三つ目は，別れるという現実を無視しようとしたり，相手と会わないようにする「回避・逃避」である。このうち，「消極的受容」は，女性より男性に多くみられることもわかっている。

COLUMUN｜ストーキング　　　　　　　　　　　　　　松井　豊（筑波大学人間系）

　2016年5月21日東京都小金井市のライブハウス前で，シンガーの女性に「ファン」を自称する男がナイフで切りつけ，重症を負わせる事件があった。男は事件前に女性にプレゼントを贈ったり，接触を試みていた。この事件は，ストーキング（stalking）事件と理解されている。こうした事件が報道されると，ストーキングとは，一般男性が有名人女性からの愛情を得ようとして，妄想的に追いかけているというイメージがもたれやすい。しかし，有名人と一般人との間のストーキングは実際にはごくわずかである。警察庁の統計によると（2017年3月17日発表），2015年におけるストーカー事案は21,968件報告されているが，被害者と加害者の関係を見ると，「交際相手（元含む）」が49.6%と最も多く，「知人・友人」，「配偶者（内縁・元を含む）」を加えると，70%が親しい人からストーキングを受けている。ちなみに，加害者は男性が86%で，被害者は89%が女性であった。このように，実際のストーキングは親しい関係の崩壊や葛藤から生じるものが多い。島田（2016）は，警察への相談事例の分析から，ストーキングを以下の4群に分けている。手紙や文書やプレゼントを送り，直接接触しない群。知人に対して交際を求めつきまとう比較的高齢な群。大量のメイルや連続電話で接触し，自殺を臭わす言葉でつなぎとめようとする元交際相手群。暴力を振るったり，自傷（リストカットなどの自分を傷つける行為）を示す若年群。第3群や第4群に見られるように，交際相手や元交際相手がストーカーになる場合には，交際中に相手の行動に口を挟んだり，暴力を振るったりしていることが多い。その意味で，知人や交際相手の行動をしっかり見極め，相手が暴力化する前に関係を断つことも，ストーキングの予防策になる。

では，失恋した後は，どのような気持ちになるのであろうか。当たり前のことかもしれないが，多くの人は，別れた相手のことを思い出したり，悲しくなったりしていた（松井，1993）。デートした場所に行ったり，相手の家の周囲を歩き回ったりする「未練行動」をすることもある（金政他，2008）。このような未練のある行動は男性に多くみられ，やけ酒などの「発散行動」も女性に比べて男性の方が行いやすい（松井，1993）。失恋した後に，相手への思いを引きずりやすいのは男性なのである。

　なぜ，男性は思いを引きずりやすいのであろう。一つの可能性として，男性の方がふられやすい，つまり別れの主導権が女性にあるからだと考えられる。別れを切り出した人は，相手がいなくなって嬉しく感じたり，相手と会うことを避けようとしたりする。しかし，別れを切り出された人は，相手が忘れられず，別れたことを信じられず，悲しい気持ちを強くもち，ヨリを戻したいと願う。また未練行動も行いやすい（松井，1993）。このように，別れを切り出された方が相手への思いを引きずる。そのため，別れを切り出されることの多い男性は，相手への思いを引きずりやすいのであろう。

Ⅲ　おわりに

　本章では，対人魅力に関わる研究と恋愛中の心理や行動に関わる研究を紹介することを通して，人を好きになる理由や，恋愛関係がどのように進展あるいは崩壊するのかについてみてきた。

　恋愛は一見すると神秘的なものに思え，一人ひとりの恋愛の「仕方」に共通性などないように思えるかもしれない。しかし，恋愛に関して心理学的に研究することによって，多くの人に共通している部分が明らかにされるとともに，男女による違いや，環境による違いも明らかにされつつある。わかっていないこともまだまだたくさんあるが，これから研究を重ねることによって，より多くのことがわかっていくであろう。恋愛は多くの人にとって悩みの種であるとともに，幸せの源泉でもある。恋愛を通して，どうすれば幸せになれるか，本章がその一助になれば幸いである。

　最後に3点だけ気をつけてほしいことを述べる。一つ目として，本章で紹介してきた研究の多くは，大学生に対して調査や実験をした研究という点である。中学生や高校生，あるいは社会人についても同じことがあてはまるかに関しては，わかっていないこともある。二つ目として，本章で紹介してきた研究の多くは，大学などの身近な環境にいる相手との恋愛を扱っているという点である。道端でばったり会い恋をしたなどのいわゆる「一目惚れ」や，毎日通勤・通学電車が一

緒の人に恋をしたなどの大学以外の環境にいる相手との恋に関しては，ほとんど調べられていない。そのような場合の恋愛については今後の研究が待たれる。三つ目として，恋愛に関する日本独自の心理学の研究はまだまだ多くないということである。本章ではなるべく日本で行われた研究を紹介するよう努めたが，日本の研究は，欧米で提唱された理論をそのまま用いたり，欧米で行われた研究の追試（欧米で行われた研究を日本でそのまま実施する研究）であったりすることが少なくない。海外と日本で，恋愛の「仕方」が全く同じということはない。そのため，日本独自の視点から「恋愛」をみてみることは重要であろう（松井，2016）。

文　献

Cacioppo, J. T., Cacioppo, S., Gonzaga, G. C., Ogburn, E. L., & VanderWeele, T. J.（2013）. Marital satisfaction and break-ups differ across on-line and off-line meeting venues. *PNAS,* 110（25），10135-10140.

大坊郁夫（1988）. 異性間の関係崩壊についての認知的研究. 日本社会心理学会第29回大会発表論文集，pp.64-65.

Eastwick, P. W., Finkel, E. J., & Mochon, D., & Ariely, D.（2007）. Selective versus unselective romantic desire: Not all reciprocity is created equal. *Psychological Science,* 18（4），317-319.

Finkel, E. J., & Eastwick, P. W.（2009）. Arbitrary social norms influence sex differences in romantic selectivity. *Psychological Science,* 20（10），1290-1295.

橋元良明・千葉直子・天野美穂子・堀川裕介（2015）. ソーシャルメディアを介して異性と交流する女性の心理と特性. 情報学研究・調査研究編（東京大学大学院情報学環），31, 115-195.

金政祐司・相馬敏彦・谷口淳一（2008）. 史上最強図解よくわかる恋愛心理学. ナツメ社.

Kato, T.（2016）. Effects of partner forgiveness on romantic break-ups in dating relationships: A longitudinal study. *Personality and Individual Differences,* 95, 185-189.

警察庁（2017）. 平成27年におけるストーカー事案及び配偶者からの暴力事案等の対応状況について. 警察庁．[https://www.npa.go.jp/safetylife/seianki/stalker/seianki27STDV.pdf]（2017年3月31日）

国立社会保障・人口問題研究所（2015）. 第15回出生動向基本調査（結婚と出産に関する全国調査）. 国立社会保障・人口問題研究所. [http://www.ipss.go.jp/ps-doukou/j/doukou15/doukou15_gaiyo.asp]（2017年3月31日）

古村健太郎（2016）. 恋愛関係における接近・回避コミットメントと感情経験，精神的健康の関連. 心理学研究，86（6），524-534.

Luo, S., & Zhang, G.（2009）. What leads to romantic attraction: Similarity, reciprocity, security, or beauty? Evidence from a speed-dating study. *Journal of Personality,* 77（4），933-964.

牧野幸志・井原諒子（2004）. 恋愛関係における別れに関する研究（1）：別れの主導権と別れの季節の探求. 高松大学紀要，41, 57-105.

松井豊（1993）. 恋ごころの科学. サイエンス社.

松井豊（2006）. 恋愛の進展段階と時代的変化. 齋藤勇（編）イラストレート恋愛心理学―出会いから親密な関係へ．pp. 62-71, 誠信書房.

松井豊（2016）. 恋愛とカップル形成の実証研究. 家族療法研究，33（2），171-177.

文部科学省（2016）．学校基本調査―平成28年度結果の概要．文部科学省．[http://www.mext.go.jp/b_menu/toukei/chousa01/kekka/k_detail/1375036.html]（2017年3月31日）

仲嶺真（2015）．街中で初対面の男性から話しかけられた女性の判断と対応．心理学研究, 86（6）, 596-602.

仲嶺真・相羽美幸（2015）．関係開始スキルが対人魅力に及ぼす影響―非言語行動を媒介として．電子情報通信学会技術研究報告, 115（185）, 77-79.

越智啓太（2013）．美人の正体―外見的魅力をめぐる心理．実務教育出版

Plaut, V. C., Adams, G., & Anderson, S. L.（2009）. Does attractiveness buy happiness? "It depends on where you're from". *Personal Relationships,* 16（4）, 619-630.

島田貴仁（2016）．ストーキングの被害過程．日本刑法学会刑法雑誌, 55, 459-470.

Stanley, S. M., Rhoades, G. K., & Markman, H. J.（2006）. Sliding versus deciding: Inertia and the premarital cohabitation effect. *Family Relations,* 55（4）, 499-509.

Walster, E., Aronson, V., Abrahams, D., & Rottman, L.（1966）. Importance of physical attractiveness in dating behavior. *Journal of Personality and Social Psychology,* 4（5）, 508-516.

BOOK GUIDE

松井豊『恋ごころの科学』 サイエンス社, 1993年｜20年以上も前の本ではあるが，それまでの恋愛に関する心理学的研究を丁寧にまとめた一冊．恋愛に関する研究の具体的な紹介とともに，恋愛に関する研究とそのほかの心理学研究との関係性の図示もあり，恋愛を研究することが心理学研究上どのように位置づけられるのかがわかる．また，平易な文章で記載されており，読みやすい．恋愛について詳しく知りたいあるいは研究したい人にとっては一読の価値がある書．

金政祐司・相馬敏彦・谷口淳一『史上最強図解よくわかる恋愛心理学』 ナツメ社, 2010年｜恋愛にまつわる個別のトピックについて図を用いながら丁寧に解説している．重要な部分が赤字で示されており，わかりやすい．コラムも多く，楽しみながら読める一冊．重要な内容は，キーワードとして補足の説明もある．恋愛に関する心理学を学ぶための入り口として最適．

越智啓太『美人の正体』 実務教育出版, 2013年｜恋愛に関する心理学研究の中でも，特に外見的魅力に関する研究を丁寧にまとめてある．人の心のメカニズムを進化という枠組みで捉える進化心理学的な説明が多い印象は受けるが，外見的魅力に関する心理学研究を概観したい場合は本書を読めば十分であるといえるほどの良書．全体的に「美人やハンサムが得する」という研究が紹介されているが，最後の章で美人やハンサムでない人たちへの著者からのメッセージもある．

（なかみね・しん／筑波大学人間系・日本学術振興会特別研究員）

第Ⅰ部 恋愛と結婚の心理

第2章 結婚の心理

加藤 司 Tsukasa Kato

この章のねらい | 晩婚化，少子化，生涯未婚化など，現在の日本人の結婚・結婚観は大きく変化しているかもしれない。本章ではわが国における結婚の現状を紹介したのち，結婚生活を継続させるために重要な結婚生活満足感（夫婦関係満足感を含めて結婚生活満足感とする）に焦点を当て，「結婚の心理学」について概説する。具体的には，結婚生活満足感を低下させる原因としてストレスや結婚生活に対する幻想を取り上げ概説し，そうした原因を防ぐ方法として結婚前教育について説明する。本章で取り上げた現象は，哲学や思想に基づいたものではなく，あくまで実証研究に基づいたものであり，本章では結婚生活に対して主観を排除したアプローチを取る。

キーワード | 結婚生活満足感，ストレス，コーピング，結婚の幻想，結婚前教育

Ⅰ わが国の結婚状況

2016年6月に国勢調査の速報が発表された。この国勢調査（総務省統計局, 2016）によると，2015年の15歳以上の男性未婚率は31.8％，女性未婚率は23.2％であった（未婚には死別や離別は含まれていない）。詳しく見てみると，男性の場合，30歳代の未婚率は35.0％（35～39歳）から47.1％（30～34歳）であり，40歳から45歳の3人に1人（30.3％），45歳から49歳の4人に1人（25.9％）が未婚であった（20～24歳95.0％，25～29歳72.7％，50～54歳20.9％，55～59歳16.7％）。女性の場合，30歳から34歳の3人に1人（34.6％），35歳から39歳の4人に1人（23.9％），40歳から44歳の5人に1人（19.3％）が未婚であった（20～24歳91.4％，25～29歳61.3％，45～49歳16.1％，50～54歳12.0％，55～59歳8.3％）。未婚率の推移（図①と図②）を見ると，男女ともに上昇していることがわかる。特に40歳以上の

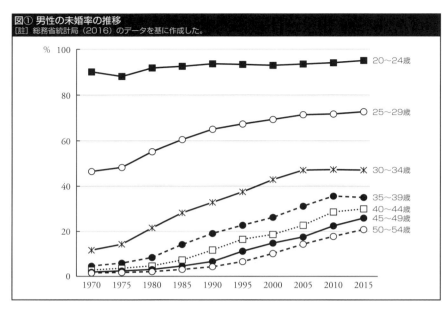

図① 男性の未婚率の推移
[註] 総務省統計局（2016）のデータを基に作成した。

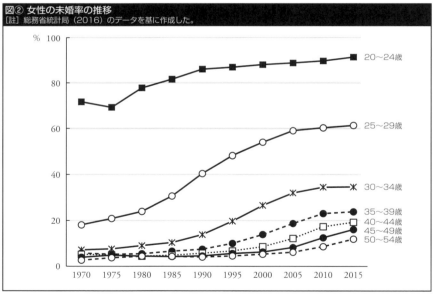

図② 女性の未婚率の推移
[註] 総務省統計局（2016）のデータを基に作成した。

男女の未婚率が増加している。

　結婚願望については，国立社会保障・人口問題研究所（2016）の調査から知る

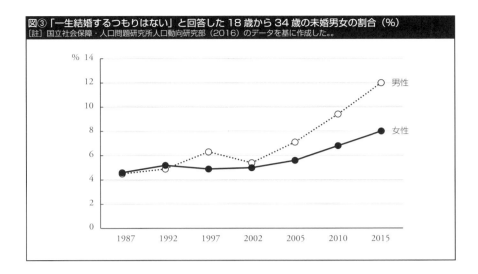

図③「一生結婚するつもりはない」と回答した18歳から34歳の未婚男女の割合（%）
[註] 国立社会保障・人口問題研究所人口動向研究部（2016）のデータを基に作成した。

ことができる。この調査では，「いずれ結婚するつもり」か「一生結婚するつもりはない」のいずれかを選択させているが，「一生結婚するつもりはない」と回答した日本人は年々増加しており，特に男性で顕著である（**図③**）。また，33.3％の男性，20.7％の女性が「結婚に利点はない」と回答する一方で，83.5％の男性，88.7％の女性が「独身に利点がある」と回答していた。さらに，69.8％の男性，59.1％の女性が「交際している異性はいない」（異性の友人も含む）と回答していた。これらのデータから，「結婚することが当たり前」という時代は男女ともに随分以前に終わりを遂げていたことがわかる。わが国の未婚率上昇の原因についての議論は他に譲るとして，このような傾向は今後も進むと考えられる。

II 結婚生活満足感

1. 結婚生活満足感の推移

結婚生活満足感は結婚生活を経るにつれU字型に推移するという仮説がある（U字仮説）。例えばわが国の大規模調査（稲葉，2004）では，**図④**のように，結婚生活満足感は結婚生活25年くらいまで低下し続けたのち，徐々に回復することが報告されている（子どもが成人する頃まで低下し，子どもが家を出て独立，仕事をリタイヤする頃から増加し始める）。このような結婚生活満足感のU字仮説は，古くから家族社会学や家族心理学のテキストで取り上げられてきた。

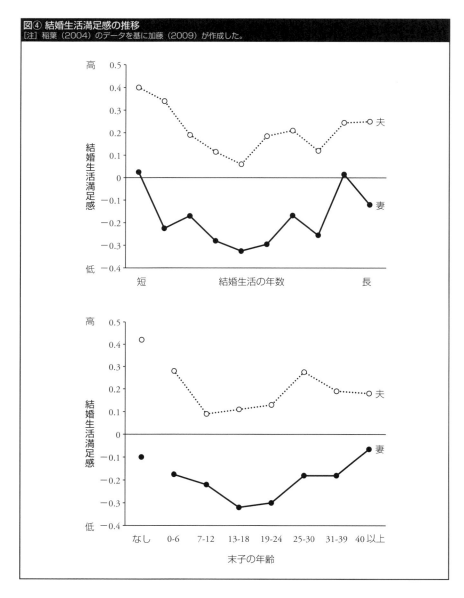

図④ 結婚生活満足感の推移
[注] 稲葉（2004）のデータを基に加藤（2009）が作成した。

　しかし，U字仮説を支持するデータは横断的研究によって得られたものであり，結婚生活満足感の推移ではなく，世代差を示したに過ぎない（この場合の横断的研究は，結婚期間が異なる男女の結婚生活満足感を比較する方法）。結婚生活満足感の推移を知るためには，縦断的研究によってデータを得る必要がある（縦断的デー

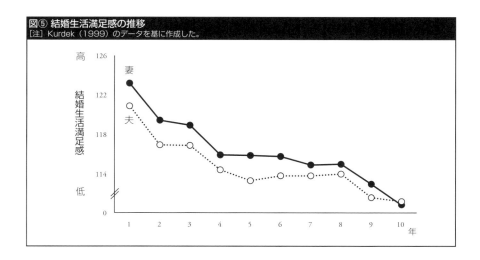

図⑤ 結婚生活満足感の推移
[注] Kurdek (1999) のデータを基に作成した。

タとは，同一個人の結婚生活満足感を繰り返し測定し，測定時期の異なる個人内で比較する方法）。縦断的研究によるデータは結婚生活満足感が U 字型ではなく，図⑤のように結婚生活の経過とともに減少することを示している。

2. 結婚生活満足感の決め手

なぜ，結婚生活を経るにつれ，結婚生活満足感が低下するのだろうか。ある研究者たち（Karney & Bradbury, 1995）は結婚生活満足感に影響を及ぼす原因を研究した 115 の論文を集め，メタ分析（いくつかの研究結果をまとめ，ある特定の結論を導き出す研究手法）によって，それぞれの原因が結婚生活満足感に及ぼす影響力を数値化した。その結果をまとめたものが図⑥である。○印は結婚生活満足感を高める要因，●印は低下させる要因であり，絶対値が大きいほど結婚生活満足感に及ぼす影響が大きく，小さいほど影響が小さいことを意味している。簡単にまとめると，「神経質」「抑うつ傾向」「性格の夫婦類似性」「性的満足感」「肯定的コーピング」「否定的コーピング」が結婚生活満足感と深く関係していると考えられる。まずは「神経質」「抑うつ傾向」「性格の夫婦類似性」「性的満足感」について説明する。

(1) 神経質・抑うつ傾向

神経質な人物や抑うつ傾向の強い人物は，結婚生活に不満を抱きやすいことが古くから知られている（加藤，2009）。神経質は不安などの否定的感情を感じやすい性格傾向であり，情緒的に不安定で，些細なことにもかかわらず過剰に反応してしまう。抑うつ傾向とは気持ちの落ち込みの程度が激しいことを意味してい

図⑥ 結婚生活満足感に影響を及ぼす要因
[註] Karney & Bradbury（1995）を基に加藤（2009）が作成した図を修正した。

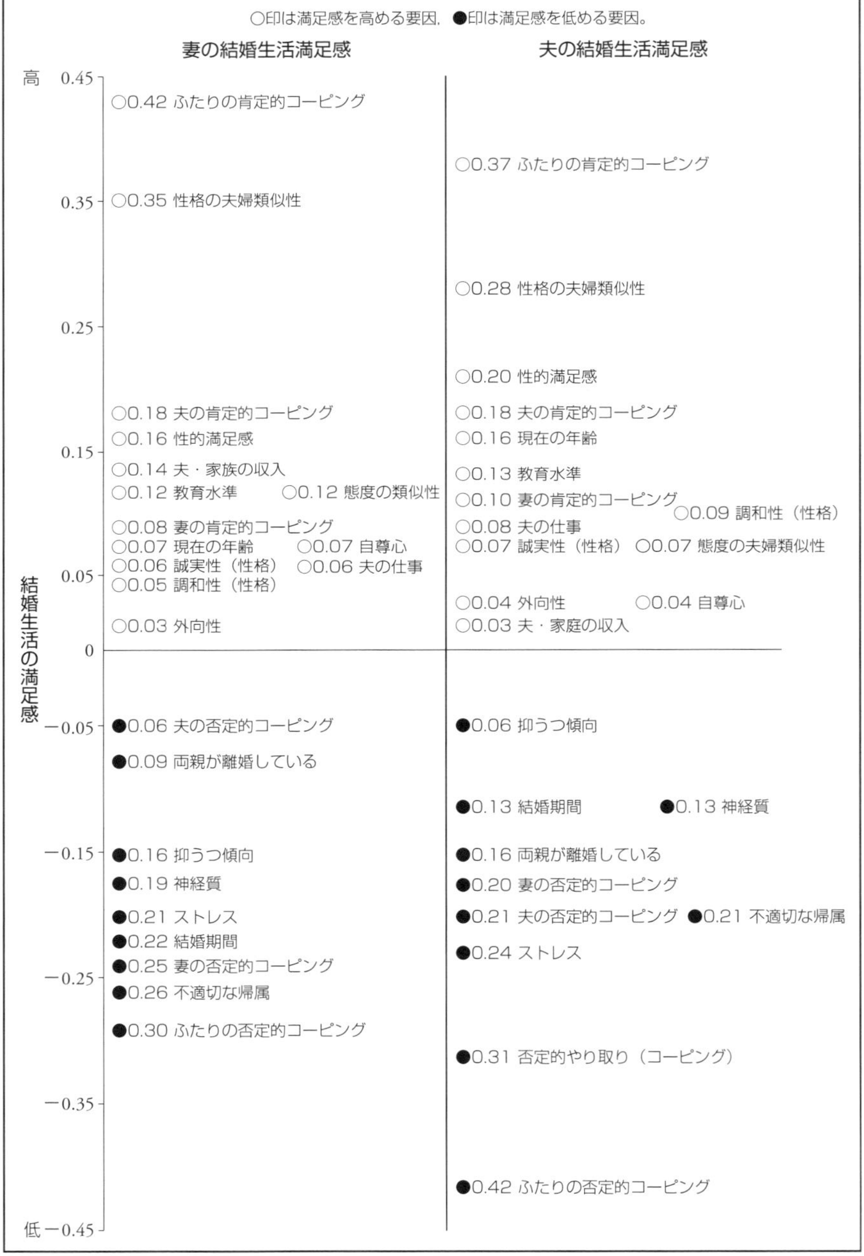

○印は満足感を高める要因，●印は満足感を低める要因。

妻の結婚生活満足感

- ○0.42 ふたりの肯定的コーピング
- ○0.35 性格の夫婦類似性
- ○0.18 夫の肯定的コーピング
- ○0.16 性的満足感
- ○0.14 夫・家族の収入
- ○0.12 教育水準　　○0.12 態度の類似性
- ○0.08 妻の肯定的コーピング
- ○0.07 現在の年齢　　○0.07 自尊心
- ○0.06 誠実性（性格）　○0.06 夫の仕事
- ○0.05 調和性（性格）
- ○0.03 外向性

- ●0.06 夫の否定的コーピング
- ●0.09 両親が離婚している
- ●0.16 抑うつ傾向
- ●0.19 神経質
- ●0.21 ストレス
- ●0.22 結婚期間
- ●0.25 妻の否定的コーピング
- ●0.26 不適切な帰属
- ●0.30 ふたりの否定的コーピング

夫の結婚生活満足感

- ○0.37 ふたりの肯定的コーピング
- ○0.28 性格の夫婦類似性
- ○0.20 性的満足感
- ○0.18 夫の肯定的コーピング
- ○0.16 現在の年齢
- ○0.13 教育水準
- ○0.10 妻の肯定的コーピング　　○0.09 調和性（性格）
- ○0.08 夫の仕事
- ○0.07 誠実性（性格）　○0.07 態度の夫婦類似性
- ○0.04 外向性　　○0.04 自尊心
- ○0.03 夫・家庭の収入

- ●0.06 抑うつ傾向
- ●0.13 結婚期間　　●0.13 神経質
- ●0.16 両親が離婚している
- ●0.20 妻の否定的コーピング
- ●0.21 夫の否定的コーピング　●0.21 不適切な帰属
- ●0.24 ストレス
- ●0.31 否定的やり取り（コーピング）
- ●0.42 ふたりの否定的コーピング

（縦軸：結婚生活の満足感　高 0.45 〜 低 −0.45）

る（抑うつ傾向は神経質の一面であるという捉え方もある）。このような性格は夫婦間のコミュニケーションの悪化（口論や意見の対立の増加など）や，性的満足感の低下を招きやすいことが知られており，結果として結婚生活満足感の低下に至ると考えられている。

(2) 夫婦の類似性

性格，態度，生活習慣などが類似しているほど結婚生活満足感が高いことも，よく知られている（加藤，2009）。性格が似ていることによって，配偶者のことを理解しやすくなったり，気持ちを共有しやすくなったり，コミュニケーションが促されたりすることなどが原因と考えられている。このように性格が似ていることは夫婦にとってメリットになる。

性格だけでなく，望ましくないような生活習慣であっても，夫婦間で類似していることは結婚生活満足感を高めることが知られている。例えばアルコールやドラッグに関する研究（Mudar et al., 2001）では，「大酒飲みかどうか」「泥酔するほど飲むかどうか」「ドラッグを使用するかどうか」を尋ねている。それぞれの質問に対して，新婚夫婦の回答を「夫婦ともに Yes」「夫婦ともに No」「夫のみ Yes」「妻のみ Yes」の4つにわけた結果，「夫婦ともに Yes」あるいは「夫婦ともに No」と回答した夫婦は，「夫のみ Yes」あるいは「妻のみ Yes」と回答した夫婦より結婚生活満足感が高いことがわかった。つまり，アルコールやドラッグの習慣が一致している夫婦ほど結婚生活満足感が高いというである。夫婦にとって似ていることは重要なのである。

(3) 性的満足感

多くの夫婦が性生活について悩んでいることはよく知られている。例えばオーストラリアの大規模調査では，性生活に満足している男性は46％，女性は58％であったと報告している（Smith et al., 2011）。性生活に不満があると結婚生活満足感が低下することもよく知られている（加藤，2009）。また複数の縦断的研究では，結婚生活満足感が性生活の満足感に影響を及ぼすのではなく，性生活の満足感が結婚生活満足感に影響を及ぼすことを示している（正確には両者の因果関係は不明確）。

性生活の問題を語る際，性行為の頻度や性機能を取り上げることがある。わが国のセックスレスの調査（菅・北村，2007）では，夫の30％，妻の38％が1カ月以上性行為はないと回答している。しかし一時的な性的満足感や性行為の頻度の満足感は，性生活の満足感の一部にすぎない。例えば性行為の頻度は結婚後急激に減少し，年齢を経るにつれ低下するが，性生活に関する満足感はそのような影

響をほとんど受けないことが報告されている。性生活の満足感は一時的な性的満足感や性行為の頻度ではなく，夫婦間のこころの触れ合いが深く関係しているからである（加藤，2009）。

（4） コミュニケーションの質

夫婦のコミュニケーションに関するわが国のインターネット調査（リされぽ！，2014）によれば，平日の会話時間が10分未満の夫婦は26.7％，10分から30分未満は27.3％，30分から60分未満は26.1％であり，60分未満の夫婦が回答者の多数を占めていた。このように夫婦の会話時間の短さを指摘するアンケート調査は多いが，結婚生活満足感に強い影響を及ぼすのはコミュニケーションの質である（加藤，2009）。例えばパートナーに自己開示（自分のことを話すこと）をするほど，話し手の結婚生活満足感が高まるが，話を聞いている側の満足感はほとんど変わらないという報告がある（加藤，2009）。また，話をする内容が結婚生活満足感にとって重要であるという研究もある。

Ⅲ 結婚生活におけるストレス

愛は永遠のように思える。何もなければ。何かがあるために，ふたりはつまずいてしまう。言い換えれば，平穏でない時間がふたりの将来を変えてしまうのである。平穏でない時間，それがストレッサーである。これまでの研究から，日常生活に潜む夫婦喧嘩（口論や言い争い）が結婚生活満足感と密接な関係があることがわかっている（加藤，2009）。しかし，夫婦喧嘩をする夫婦の結婚生活満足感が必ずしも低いわけではない。結婚生活満足感を左右するのは，ストレッサーに対する行動（コーピング）だからである。以下，結婚生活満足感がどのように決定するのか，そのメカニズムについて対人ストレス発生モデル（図⑦）に基づき説明する。

1. 認知的評価

認知的評価はストレッサーに対する主観的な評価を意味する。ストレッサーに遭遇すると，そのストレッサーが，個人にとってストレスフルであるかどうかの評価が行われ，ストレスフルだと評価されて初めてストレッサーとなる。そして，そのストレッサーがどの程度重要であるのか，どの程度脅威なのか，どの程度コントロールできるのかなどに関する評価が行われる。こうした認知的評価に基づきコーピングが選択される。

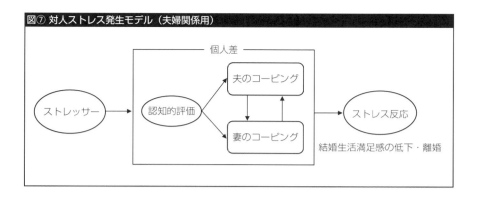

図⑦ 対人ストレス発生モデル（夫婦関係用）

2. コーピング

コーピングはストレッサーに対する対処行動である。ストレッサーが夫婦喧嘩などの場合，具体的には**表①**に示したようなコーピング方略を選択する。コーピング方略の選択は結婚生活満足感に影響を及ぼすが（詳しくは後述する），注目すべきは，夫が行ったコーピング方略は妻のコーピング方略の選択に，妻が行ったコーピング方略は夫のコーピング方略の選択に影響を及ぼす点である。例えば夫が妻を批判したり，侮辱したりするようなコーピング方略を用いたとすると，妻は言い返したり，弁解したり，あるいは話し合いを避けるようなコーピング方略を用いるかもしれない。一方，妻が優しい言葉をかけるようなコーピング方略を選択すれば，夫は愛情を示すようなコーピング方略を選択するかもしれない。どのようなコーピング方略を選択するかはふたりの問題なのである。そのため，自分だけにとって望ましいコーピング方略を選択すれば良いというわけではない。

3. ストレス反応

不安，怒り，抑うつなどの情動的な変化，自信の喪失，思考力の低下，無気力，引きこもりなどの認知・行動的変化，自律神経系，内分泌系，免疫系の機能低下に伴うストレス関連性の疾患などの身体的症状がストレス反応として知られている。しかしそれ以外にも，社会生活に適応できなくなったり，社会生活を営む上で障害が出たり，幸福感や生活の質が低下したり，そのような社会的機能の低下もまたストレス反応のひとつである（加藤，2008）。夫婦関係でいうなら，結婚生活満足感の低下や離婚もまたストレス反応に含まれる。さらにストレッサーを克服することで，お互いの信頼関係が強くなったり，より一層愛し合うようになったりする場合などもあり，ストレス反応には否定的な側面だけではなく肯定的側面も含まれている（加藤，2009）。

表① さまざまなコーピング方略
[注] 加藤（2009）に修正を加えた。

結婚生活満足感が増すコーピング（肯定的コーピング）

建設的話し合いコーピング	ふたりの問題を解決するために，積極的に話し合いをする
共感的コーピング	パートナーを尊重し，共感的に理解しようとする
愛情伝達コーピング	積極的に愛情表現をする
自己主張コーピング	自分の考えや意見を伝える
ユーモアコーピング	関係を親密にしたり，場を和ませたりするようなユーモアや冗談を言う（パートナーを笑い者にするユーモアは逆効果）
許しコーピング	パートナーの言動を許す

結婚生活満足感が低下するコーピング（否定的コーピング）

撤退コーピング	話し合いを避けようとする
逃避・回避コーピング	問題を忘れようとしたり，問題解決をあきらめたりする
要求－撤退コーピング	一方が話し合いを求め，もう一方がそれを避けようとする
拒絶コーピング	パートナーを侮辱したり，批判したり，文句を言ったりする
負の感情表出コーピング	怒りや悲しみなど，否定的な感情を表す
自己弁解コーピング	言い訳をしたり，責任を認めようとしたりしない
関係解消コーピング	別れることを容認するような態度を取る
気分転換コーピング	自分の気持ちが晴れるような言動をする
自責コーピング	自分の責任だと思い，自分を責める
暴力的コーピング	パートナーに暴力をふるう

4. コーピングの効果

　ゴットマン（J. M. Gottman）は「夫婦の会話（コーピング）をわずか5分間観察すれば，その夫婦が幸福になるかどうか，離婚するかどうか，91％の確率で予測することができる」と述べている。ゴットマンを始めとする研究者たちによって，**表①**に示したような肯定的コーピングが結婚生活満足感を高め，否定的コーピングが結婚生活満足感を低下させることが明らかにされている（加藤，2009）。**図⑥**からも肯定的コーピングや否定的コーピングが結婚生活満足感に大きな影響を及ぼすことがわかる。

　肯定的コーピングより否定的コーピングの方が，結婚生活満足感に大きな影

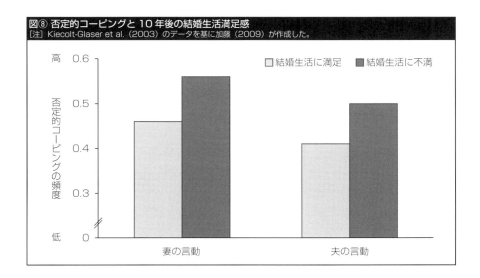

図⑧ 否定的コーピングと10年後の結婚生活満足感
[注] Kiecolt-Glaser et al.（2003）のデータを基に加藤（2009）が作成した。

響を及ぼすことが報告されている（加藤，2009）。例えば新婚夫婦90組を対象にした研究（Kiecolt-Glaser et al., 2003）では，夫婦の問題について30分間話し合いをさせ，その言動を肯定的コーピングと否定的コーピングに分類し，その10年後ふたりの結婚生活満足感について調査している。図⑧は夫婦生活に満足しているグループと不満なグループにわけたものである。夫と妻ともに，夫婦関係に不満を抱いている男女は10年前の否定的コーピングの頻度が高かった。一方，肯定的コーピングは10年後の夫婦生活の満足感とは関係がなかった。

Ⅳ 結婚の現実——結婚幻想

「結婚生活は地獄だ」という話を耳にするが，こうした言葉は「結婚生活はバラ色だと思っていたのに……」という前置きが省略されていることを暗示している。結婚生活に対する何らかの幻想が剥がれ落ち，現実に直面したときの言葉かもしれない。本節では結婚生活の現実について説明する。

1. 収入の問題

「お金なんてなくても，愛さえあれば幸せ」という幻想は，もろくも崩れ落ちてしまう。実際に結婚するとなれば，夫の収入が結婚を決断する決め手となることは多くの調査結果が示していることである。幻想を抱いたまま結婚したとしても，夫の収入の低さは明らかに結婚生活満足感を低下させる。結果として，収入

図⑨「結婚生活に絶対に必要なものは何だと思うか」という質問に、「経済力」と回答した男女の割合と順位（複数回答可）
[註] 第一生命経済研究所（2006）のデータを基に作成した。

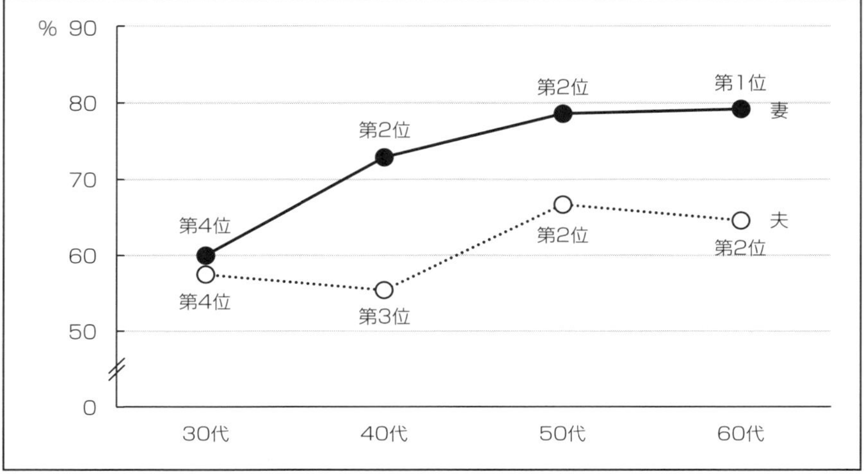

の低い夫の離婚率は高くなる（加藤，2009）。

図⑨はわが国で行ったあるアンケート調査（第一生命経済研究所，2006）の結果をまとめたものである。この調査では「結婚生活に絶対必要なものは何だと思うか」という問いに対して複数回答を求めている。年代に関わらず，夫と妻の50％以上が「経済力」をあげており，その割合は年を経るにつれ上昇し，夫より妻の方が「経済力」を重視している。特に60代の妻では，80％が「経済力」をあげており，「経済力」は結婚生活において最も必要なものである。

しかも，女性が言う経済力とは男性の平均収入と比較すると極端に高いことが知られている。2016年に実施した別のアンケート調査（明治安田生活福祉研究所，2016）では，「結婚相手に望む最低年収」について調査している。400万円以上と回答した20代未婚女性は57.1％（700万円以上は18.1％）であり，30代未婚女性は67.9％（700万円以上は13.2％）であった。しかし年収400万円を超える20代未婚男性はわずか15.2％（700万円以上は1.5％），30代未婚男性は37.0％（4.7％）しかいなかった。

2. 子どもの問題

子どもの誕生は結婚生活において最も喜びに満ちた瞬間であるかもしれない。未婚者のなかには，結婚がもたらす幸せのひとつとして，子どもの誕生を考えているかもしれない。しかし，不思議に思うかもしれないが，子どもの存在は明ら

かに結婚生活満足感を低下させる（加藤, 2009）。例えば97の研究データを用いたメタ分析（Twenge et al., 2003）では，2歳以下の子どもを持つ夫と妻は，子どものいない夫婦より，結婚生活満足感が低いことを明らかにしている。また子どもが生まれることによって，夫婦の口論や言い争いが増えたり，夫婦間のコミュニケーションが減ったりすることも知られている。

　子どもの存在が結婚生活満足感を低下させる原因として，夫婦のコミュニケーションの変化の他に，加藤（2009）はこれまでの研究に基づき以下の6つをあげている。第一は育児の負担である。例えばわが国の出生動向基本調査（国立社会保障・人口問題研究所人口動向研究部, 2016）では，理想とする子どもの人数を持てない理由として，17.6％が育児の負担をあげている（複数回答可）。第二は自由になる時間が減ることに対する不満である。子どものいる夫婦では自分たちが趣味に費やす時間が短くなり，そのことに不満を抱いていることが報告されている。第三は家計が悪化することである。例えば出生動向基本調査による，理想とする子どもの人数を持てない理由として56.3％が経済的理由（子育てや教育にお金がかかりすぎるから）をあげている。第四は役割葛藤が生じることである。親になることは新たに親という役割を背負うことである。男性の場合には父親として，女性の場合には母親としての新たな役割を担うことになる。ここで言う役割葛藤とは，夫としての役割と父親としての役割，妻としての役割と母親としての役割，それぞれの役割間に矛盾が生じたり，それぞれの役割を両立させることが困難になったりしたときに生じる心理的な葛藤状況を意味する。女性の役割葛藤の方が深刻であり，深く思い悩むことが知られている。こうした役割葛藤は結婚生活満足感を低下させることが報告されている。第五は性的満足感が低下することである。子どもの誕生は性行為の頻度を低下させ，性的満足感が低下し，結果として結婚生活満足感を下げることになる。第六は子どもの誕生に対する過剰な期待である。子どもの誕生に対する期待には，夫婦が一緒にいる時間が増えるだろうという期待，夫婦間の関係が良好になるだろうという期待，自分の赤ん坊の気質は穏やか（泣いたり，ぐずったりしない）だろうという期待など，根拠のない期待を意味する。こうした期待は子どもを宿している間に高まるが，出産後に幻想であることに気がつくことになる。こうした期待が高ければ高いほど，出産後の結婚生活満足感が低下することになる。

3. すれ違うふたり

（1）夫は私を理解していない

「配偶者はあなたのことを理解しているか」という質問に対して，「そう思う」

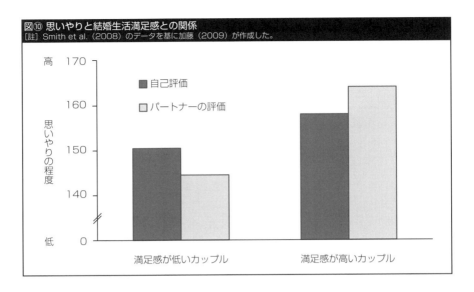

図⑩ 思いやりと結婚生活満足感との関係
[註] Smith et al.（2008）のデータを基に加藤（2009）が作成した。

「まあそう思う」「あまりそう思わない」「そうは思わない」から回答を求めたわが国のアンケート調査（小谷，2015）がある。この調査では，男性の50.2％が「そう思う」と回答しているのに対して，女性の20.4％しか「そう思う」と回答していなかった。少なくともわが国の妻は夫が自分を理解していないと思っているようである。最近の研究（例えばGordon & Chen, 2016）からも，配偶者に理解されているという感情は結婚生活満足感を増すだけではなく，夫婦喧嘩の悪影響を緩和することが報告されている。配偶者に理解されているかどうかは夫婦にとって重要なことである。

(2) 思いやる気持ちのすれ違い

夫婦にとって，配偶者を思いやる気持ちが大切だということは言うまでもない。実際，思いやりと結婚生活満足感とには強い関連性が報告されている（加藤，2009）。しかしその関係は単純ではない。オーストラリアのシドニーで行った研究（Smith et al., 2008）はそのことを示している。この研究では思いやりの程度を自己と配偶者個々に評価させている。その結果を示した図⑩からは，結婚生活満足感の高い夫婦では，思いやりに関して自己評価より配偶者の評価が高いのに対して，結婚生活満足感の低い夫婦では，自己評価より配偶者の評価が低いことがわかる。円満な夫婦では配偶者の評価が自己評価を上回っているが，うまくいっていない夫婦では自己評価が配偶者の評価を上回っているのである。

COLUMUN ｜ 結婚生活満足感の性差

　1972年，バーナード（J. Bernard）はフェミニストの立場から，結婚は女性にとって圧制的制度であり，男性と比較して女性は結婚生活から十分な満足感が得られないと主張した。それ以降，同様の主張が繰り返され，結婚生活は男女のどちらにとって幸せなのかという研究が数多く行われた。単純なアンケート調査では，男性より女性の結婚生活満足感が低いという結果が得られることもあったため，世間一般ではそのように信じられているかもしれない。しかし，研究レベルでは，結婚生活満足感に明確な男女の違いは明らかになっていない（加藤，2009）。

　それではなぜ，単純なアンケート調査では女性は男性より結婚生活満足感が低いという結果になるのだろうか。ここでは二つの原因について説明する。第一の理由は，同じような生活を過ごしていたとしても，そもそも男女ではその感じ方が違うからである。本文では，神経質・抑うつ傾向が高いほど結婚生活満足感が低いことについて触れた。こうした傾向には性差があり，男性より女性の方がより頻繁に観察されている。つまり，妻は夫より些細な事柄に過敏に反応し，気分が落ち込みやすく，うつ病の罹患率も高いのである。そのような傾向は夫婦間のコミュニケーションでもみられ，夫婦療法の最中には夫より妻の方がより多くの不満を漏らすことが報告されている。こうした神経質・抑うつ傾向を統制すると，結婚生活満足感の夫婦間差がなくなることが繰り返し報告されている（加藤，2009）。さらに226サンプルを用いたメタ分析による最近の研究（Jackson et al., 2014）では，ノンクリニカルな男女において結婚生活満足感の性差は見られなかった（効果量も限りなくゼロに近い）。このように，結婚生活満足感の男女差を調べるためには，少なくとも神経質や抑うつ傾向などを測定し，それらの影響を統制したのちに両者を比較しなければならない。

　第二の理由は，単純なアンケート調査にはデータの収集方法に問題があるからである。結婚生活満足感のように互いに関連し合っている変数を研究する場合には，対をなすデータ（ダイアディック・データ）を同時に収集しなければならない（ここでは，ダイアディック・データは対になる夫婦両名から得られたデータを意味する）。しかし，夫婦関係満足感を調査したデータはダイアディック・データでない場合が多い。特にアンケート調査ではそうでない場合がほとんどである。ダイアディック・データを用いたメタ分析（Jackson et al., 2014）では，結婚生活満足感の性差は見られていない（効果量は限りなくゼロに近く，女性より男性の結婚生活満足感の方が低かった）。

Ⅴ　結婚前教育

　結婚生活に過度な幻想を抱かないためにはどのようにすればいいのだろうか。それを防ぐ方法の一つとして，聞きなれない言葉かもしれないが結婚教育がある。ここでは結婚教育の一つである結婚前教育に焦点をあて説明する。結婚前教育とは，健全な結婚生活を営むことができるよう，未婚のカップルを対象に結婚生活に必要なスキルを指導することである。夫婦療法はすでに何らかの問題を抱えているカップルを対象にしている点において，結婚前教育と異なる。具体的には，結婚生活を貧しくさせるリスク，より良い関係を形成したり，ふたりの問題や対立を解決したり，否定的感情を低減させたりするスキル，二人で話し合う方法などを学習する。結婚前教育には多様なプログラムが含まれており，結婚生活の良さ，結婚生活と仕事との関係，性行動などの結婚生活の基本的な事柄から，性の違いなどの教育や適切な配偶者の選択方法を学ぶプログラムもある。こうしたプログラムは個別面接を通じて行う場合もあれば，集団で講習を受けたり，DVDや本などを通じて行われたりする場合もある。

　欧米では大規模な予算が組まれ，結婚教育は成果をあげている。例えばアメリカ合衆国では，結婚前教育を受けたカップルは1990年代にはすでに44％に達している（Stanley et al., 2006）。結婚前教育を受けたカップルは，結婚生活の質や満足感が増加したり，夫婦のコミュニケーションスキルが高まったり，夫婦間の葛藤が減少したり，結果として離婚率が低下することが報告されている（Fawcett et al., 2010）。また，すでに関係が悪化してしまった夫婦が夫婦療法を受けても，関係が悪化していない夫婦と同じ水準までには結婚生活満足感などが改善しないことから，結婚前教育の重要性が強調されている

文　献

第一生命経済研究所（2006）．結婚生活に関するアンケート調査．第一生命保険相互社．
Fawcett, E. B., Hawkins, A. J., Blanchard, V. L., Carroll, J. S.（2010）. Do premarital education programs really work? A meta-analytic study. *Family Relations,* 59, 232-239.
Gordon, A. M., Chen, S.（2016）. Do you get where I'm coming from? Perceived understanding buffers against the negative impact of conflict on relationship satisfaction. *Journal of Personality and Social Psychology,* 110, 239-260.
稲葉昭英（2004）．夫婦関係の発達的変化．渡辺秀樹・稲葉昭英・嶋﨑尚子（編）現代家族の構造と変容―全国家族調査（NFRJ98）による計量分析（pp.261-276）．東京大学出版会．
Jackson, J. B., Miller, R. B., Oka, M., Henry, R. G.（2014）. Gender differences in marital satisfaction: A meta-analysis. *Journal of Marriage and Family,* 76, 105-129.

Karney, B. R., Bradbury, T. N.（1995）. The longitudinal course of marital quality and stability: A review of theory, method, and research. *Psychological Bulletin,* 118, 3-34.

加藤司（2008）. 対人ストレスコーピングハンドブック——人間関係のストレスにどう立ち向かうか. ナカニシヤ出版.

加藤司（2009）. 離婚の心理学——パートナーを失う原因とその対処. ナカニシヤ出版.

Kiecolt-Glaser, J. K., Bane, C., Glaser, R., Malarkey, W. B.（2003）. Love, marriage, and divorce: Newlyweds' stress hormones foreshadow relationship changes. *Journal of Consulting and Clinical Psychology,* 71, 176-188.

国立社会保障・人口問題研究所人口動向研究部（2016）. 第15回出生動向基本調査. 国立社会保障・人口問題研究所. ［http://www.ipss.go.jp/ps-doukou/j/doukou15/NFS15_gaiyou.pdf］

小谷みどり（2015）. 高齢者の夫婦関係. 第一生命経済研究所ライフデザイン研究本部. ［http://group.dai-ichi-life.co.jp/dlri/pdf/ldi/2015/rp1504a.pdf］

Kurdek, L. A.（1999）. The nature and predictors of the trajectory of change in marital quality for husbands and wives over the wives over the first 10 years of marriage. *Developmental Psychology,* 35, 1283-1296.

明治安田生活福祉研究所（2016）. 第9回結婚・出産に関する調査——20～40代の恋愛と結婚. 明治安田生活福祉研究所. ［http://www.myilw.co.jp/research/report/pdf/myilw_report_2016_01.pdf］

リサれぽ！（2014）. 夫婦のコミュニケーションについての主婦の意識調査. ソフトブレーン・フィールド株式会社. ［http://www.sbfield.co.jp/upload/file/141119.pdf］

Smith, A., Lyons, A., Ferris, J., Richters, J., Pitts, M., Shelley, J., Simpson, J. M.（2011）. Sexual and relationship satisfaction among heterosexual men and women: The importance of desired frequency of sex. *Journal of Sex and Marital Therapy,* 37, 104-115.

Smith, L., Heaven, P. C. L., Ciarrochi, J.（2008）. Trait emotional intelligence, conflict communication patterns, and relationship satisfaction. *Personality and Individual Differences,* 44, 1314-1325.

Stanley, S. M., Amato, P. R., Johnson, C. A., Markman, H. J.（2006）. Premarital education, marital quality, and marital stability: Findings from a large, random household survey. *Journal of Family Psychology,* 20, 117-126.

総務省統計局（2016）. 平成27年度国勢調査. 総務省統計局. ［http://www.stat.go.jp/data/kokusei/2015/kekka.htm］

BOOK GUIDE

加藤司著『離婚の心理学——パートナーを失う原因とその対処』ナカニシヤ出版，2009年｜本書は離婚を予測する諸理論，離婚の原因，離婚による精神・身体的影響，離婚と密接に関連する浮気・ストーカー・親密なパートナーに対する暴力（IPV）などを取り上げ，それらについて最新の研究成果に基づき説明した専門書である。国内における家族心理学や家族社会学の専門書では紹介されてこなかった実証データが数多く紹介されており，データに基づいた知見を得ることができる。

加藤司著『対人ストレスコーピングハンドブック——人間関係のストレスにどう立ち向かうか』ナカニシヤ出版，2008年｜本書は人間関係に起因して生じるストレスと，そのストレスに対するコーピング（ストレス対処行動・ストレス解消行

動）に焦点を当て，最新の知見に基づいて説明したコーピングの専門書である。結婚生活で生じるストレスとコーピングに加え，夫婦間で生じるより具体的なストレスである配偶者の病，離婚，死別などに対するコーピングなども取り上げられている。

（かとう・つかさ／東洋大学社会学部社会心理学科）

家族の心理／変わる家族の新しいかたち

第Ⅱ部 離婚・再婚と家族

第Ⅱ部　離婚・再婚と家族

第3章 日本における離婚の現状

青木　聡 Akira Aoki

この章のねらい | 日本では，親の離婚を経験した未成年の子どもの数が毎年20万人以上にのぼり，子どもと別居親の面会交流の充実や養育費支払いの確保など，離婚後の子どもの養育問題への支援が喫緊の課題となっている。そうした離婚の現状を知るためには，結婚の現状から把握しておきたい。本章では，日本における結婚と離婚の現状を基礎統計で概観し，離婚後の子どもの養育問題に焦点を当て，海外における離婚後の養育支援の実際と併せて学んでいく。官公庁が発表する各種の調査報告書をインターネットで検索して，実際のデータを自分で確認することが大切である。常に最新のデータをチェックすることを心がけてほしい。

キーワード | 離婚，面会交流，養育費

I　結婚と離婚に関する基礎統計

1．婚姻件数と婚姻率／離婚件数と離婚率

　最初に，2000年以降の婚姻件数と婚姻率の年次推移，同じく2000年以降の離婚件数と離婚率の年次推移を見てみよう（図①）。これらの数値を見ると，日本では結婚と離婚がどちらも緩やかな減少傾向にあることがわかる。実際の件数よりも率の方が解釈上重要といえるが，2000年の婚姻率6.4と比較すると2015年の婚姻率は2年連続で史上最低値の5.1であり，1.3も減少している。また，2015年の離婚率は1.81であり，2014年の1.77より若干増加しているものの，戦後もっとも離婚率が高かった2002年の離婚率2.30と比較すると，0.49の減少であ

[註1] 婚姻率と離婚率は，年間婚姻届出件数ないし年間離婚届出件数÷10月1日現在日本人人口×1,000で算出される（厚生労働省，2015）。つまり，人口1,000人あたりの婚姻件数あるいは離婚件数として表される。

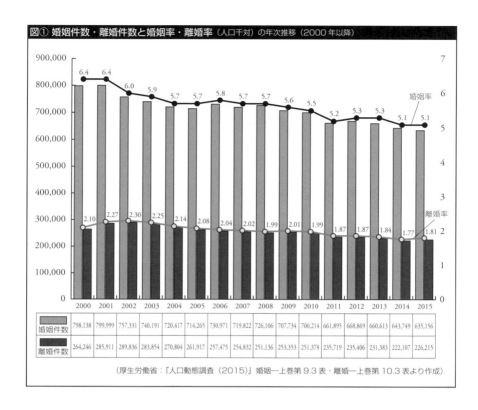

(厚生労働省:『人口動態調査（2015）』婚姻—上巻第9.3表・離婚—上巻第10.3表より作成)

る。なお，諸外国の婚姻率・離婚率と比較すると，日本の婚姻率は諸外国と同程度，離婚率はやや低めといえる（図②，図③）。

2. 未婚化・非婚化

緩やかに減少を続ける婚姻率と呼応するように，未婚率は増加を続けている[註2]（図④）。日本の経済が1970年代初めに安定成長期に入ってから未婚率の増加が目立ち始め，いわゆるバブル経済が崩壊した1990年代初め以降，男性の生涯未婚率が急激に増加し，2000年代に入ると女性の生涯未婚率も急激に増加している。2015年時点における男性の生涯未婚率[註3]は23.50％，女性の生涯未婚率は14.17％であった（図⑤）。どちらも史上最高値を更新しているが，これは男性のおよそ4人に一人，女性のおよそ7人に1人が生涯独身であることを意味する。

［註2］2015年は男女ともに30〜34歳の階層で未婚率がようやく若干減少した。
［註3］生涯未婚率は，50歳時の未婚率であり，45〜49歳と50〜54歳の未婚率の単純平均により算出されている（国立社会保障・人口問題研究所，2015）。

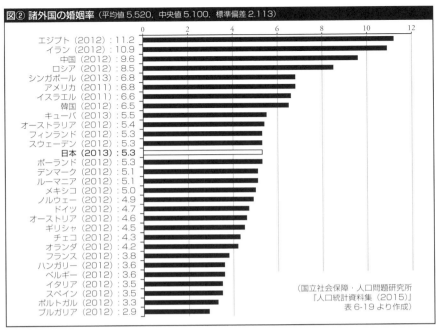

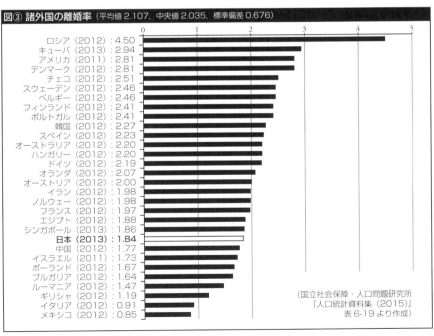

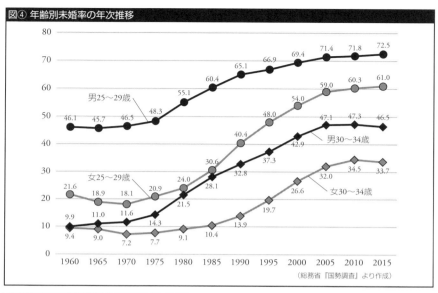

図④ 年齢別未婚率の年次推移

（総務省『国勢調査』より作成）

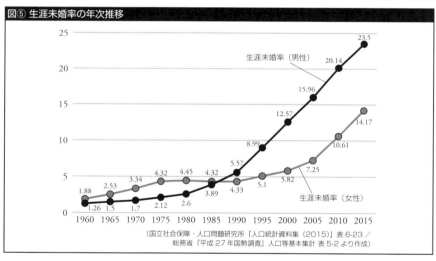

図⑤ 生涯未婚率の年次推移

（国立社会保障・人口問題研究所『人口統計資料集（2015）』表6-23／
総務省『平成27年国勢調査』人口等基本集計 表5-2 より作成）

　未婚化・非婚化についてはさまざまな要因が指摘されている。なかでも経済力（あるいは経済力に関する意識）の問題は，結婚と離婚を考える上でとても重要な要因のひとつといえる。『平成26年度結婚・家族形成に関する意識調査』（内閣府，2014a；図表16-2参照）によると，「現在結婚していない理由」の上位3項目は，第1位「適当な相手にめぐり合わないから」（54.3％），第2位「自由さや気楽さを失いたくないか

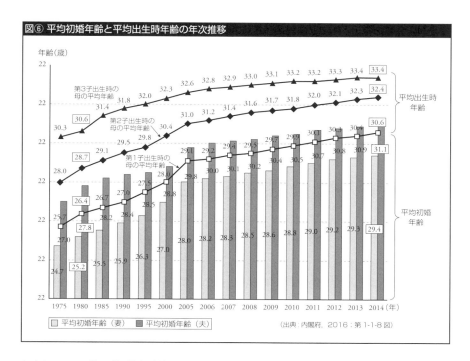

ら」(27.2％)，第 3 位「結婚後の生活資金が足りないと思うから」(26.9％) の順であり，とりわけ男性の年収 400 万円未満では実に 37.5％が「結婚後の生活資金が足りないと思うから」と答えている。実際に，男性に関しては正規雇用で年収が上がれば上がるほど，既婚率が高くなることも明らかになっている（逆に言うと，非正規雇用で年収が低いと未婚率が高い。ただし，年収 1,000 万円以上の階層では若干既婚率が低くなる）。

3. 晩婚化・晩産化

もうひとつ，結婚に関する基礎統計の年次推移で目を引くのは，平均初婚年齢が夫妻ともに上昇を続けていることである（**図⑥**）。2014 年の平均初婚年齢は，夫が 31.1 歳，妻が 29.4 歳となり，明らかに晩婚化が進んでいる。20 代は自由さや気楽さを満喫し，結婚後の生活資金の目途が立ってから，結婚に踏み切るということであろうか。また，母親の平均出生時年齢の年次推移を見ると，2014 年の第 1 子出生時の母親の平均年齢は 30.6 歳，第 2 子出生時の母親の平均年齢は 32.4 歳，第 3 子出生時の母親の平均年齢は 33.4 歳になっている。平均初婚年齢の上昇に伴い，晩産化も進んでいることがわかる。

4. 少子化

さらに，近年の結婚では，晩婚化や晩産化に伴う少子化の問題も見逃せない。

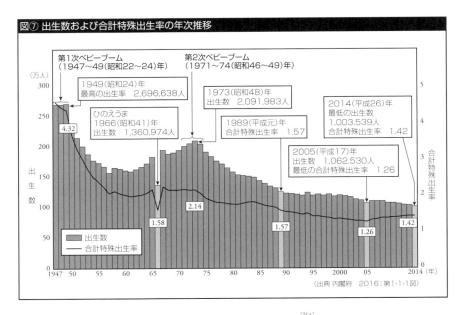

図⑦ 出生数および合計特殊出生率の年次推移
(出典 内閣府 2016：第1-1-1図)

2014年の出生数は100万3,539人で，合計特殊出生率は1.42であった（図⑦）[註4]。言い換えると，2014年のデータによれば，日本で一人の女性が産む子どもの数の平均は1.42ということになる。日本の合計特殊出生率は，2006年以降緩やかな上昇傾向にあるものの，人口置き換え水準[註5]を大きく下回っている。諸外国の合計特殊出生率と比較すると，日本の合計特殊出生率は184位であり（The World Bank, 2017），国際的にみて最低水準となっている（図⑧）。この合計特殊出生率の低さは，先進国に共通する問題である。

5. 国際結婚と国際離婚

近年は，国際結婚と国際離婚が話題になることも多い。夫妻の一方が外国籍のいわゆる国際結婚（2015年）は，2万976組（結婚全体の3.3％，「夫日本・妻外国」が1万4,809組，「妻日本・夫外国」が6,167組）であった（図⑨，図⑩）。それに対し

[註4] 合計特殊出生率とは，その年次の「15歳〜49歳までの女性の年齢別出生率を合計したもので，1人の女性が仮にその年次の年齢別出生率で一生の間に子どもを生むと仮定したときの子ども数に相当する」（厚生労働省，2016b）。

[註5] 「人口置き換え水準とは，人口が将来にわたって増えも減りもしないで，親の世代と同数で置き換わるための大きさを表す指標」（厚生労働省，2016b）である。「人口置き換え水準に見合う合計特殊出生率は，女性の死亡率等によって変動するので一概にはいえないが，日本における平成26年（2013年）の値は2.07である」（同書）。つまり，日本の合計特殊出生率は，人口置き換え水準を大きく下回っている。

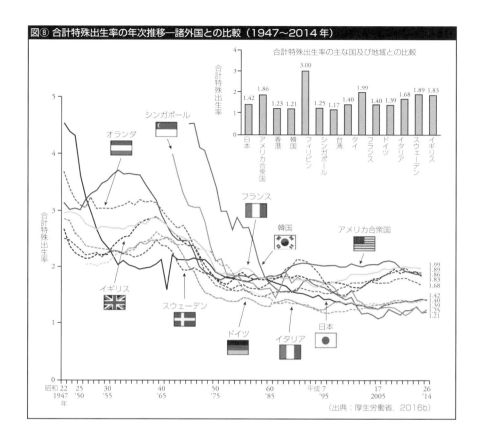

図⑧ 合計特殊出生率の年次推移―諸外国との比較（1947～2014年）

（出典：厚生労働省，2016b）

て，国際離婚（2015年）は，1万3,675組（離婚全体の6.0％：「夫日本・妻外国」が1万440組，「妻日本・夫外国」が3,235組）であった（図⑪，図⑫）。国際離婚の場合，離婚後の子どもの養育問題の解決は困難を極める。とりわけ，父母の結婚生活が破綻した際，国境を越えた「子どもの連れ去り」が問題となりやすい。国境を越えた「子どもの連れ去り」については，「ハーグ条約」[註6]に基づいて，「双方の国の中央当局を通じた国際協力の仕組みを通じ，相手国から子を連れ戻すための手続きや親子の面会交流の機会の確保のための手続きを進めることが可能」（外務省，2017）となっている。

［註6］「国際的な子の奪取の民事上の側面に関する条約（通称ハーグ条約）」は，国境を越えた「子どもの連れ去り」に対して，原則として元の居住国に子どもを迅速に返還するための国際協力の仕組みや，国境を越えた親子の面会交流の実現のための協力について定めており，2016年11月現在，世界95カ国が締結している（外務省，2017）。日本は，2014年4月1日からハーグ条約に加盟している。

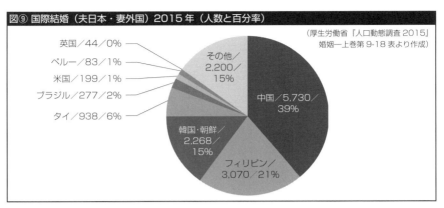

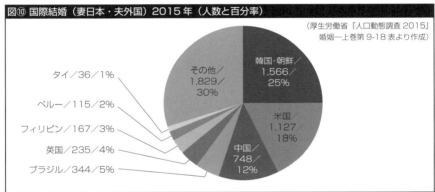

6. 再婚

　近年の結婚の特徴として，再婚にも触れておかなければならない。2015年の婚姻件数63万5,156組のうち，「夫妻ともに初婚」は46万4,975組（73.2％）であり，「夫妻ともに再婚」あるいは「夫妻の一方が再婚」は17万181組（26.8％）であった（再婚の内訳は，「夫妻ともに再婚」が6万1,325組，「夫再婚・妻初婚」が6万3,588組，「夫初婚・妻再婚」が4万5,268組）。つまり，2015年は結婚するカップルのおよそ4人に1人が再婚であったということになる。2000年の各割合と比較すると，再婚が増加していることがわかる（図⑬，図⑭）。ステップファミリー（再婚家庭）については，第4章を参照してほしい。

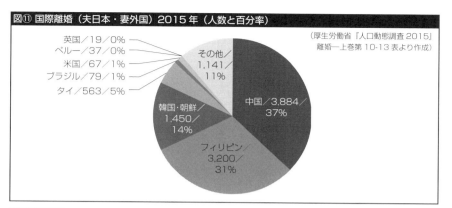

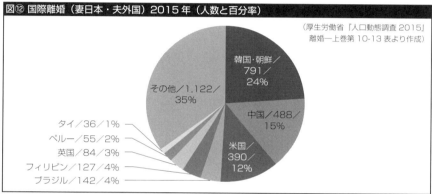

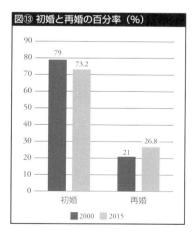

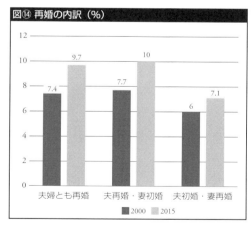

第Ⅱ部──離婚・再婚と家族

Ⅱ　離婚と子どもに関する基礎統計

　前節で見てきた基礎統計のうち，未婚化・非婚化については子どもがいない場合が多いと思われるのでともかくとしても，晩婚化・晩産化，少子化，国際結婚，再婚については，その後に親が離婚することになったとき，子どもをめぐってさまざまな問題が生じる懸念があり，親の離婚を経験した子どもを支援する視点を持つことが重要といえる。次に，離婚と子どもに関する基礎統計を見ていく。

1.　親が離婚した未成年の子どもの数

　2015年の離婚件数は22万6,215組であり，そのうち13万2,166組（58.4％）は未成年の子どもがいる離婚で，親が離婚した未成年の子どもの数は22万9,030人にのぼる（厚生労働省『人口動態調査2015』離婚−上巻第10-9表-1）。

　参考までに，2015年度の小・中学校における不登校児童生徒数（30日以上欠席）は12万5,991人（文部科学省，2017）なので，人数を単純比較すると，親が離婚した未成年の子どもの数は小・中学校における不登校児童生徒数の約1.8倍となる。しかも，親が離婚した未成年の子どもの数は毎年累積的に加算されていくため，年度をまたぐと延べ数になる不登校児童生徒数よりも遥かに多い。現在，不登校の子どもには手厚い支援が試みられているが，親が離婚した子どもに対する支援は文字通り手つかずといってよい。親が離婚した子どもにもっと注目すべきだろう。

　ところで，一言で離婚といっても，日本には6種類の離婚がある。日本の離婚の特徴は，夫妻の話し合いによる協議離婚が約9割に及ぶことである。多くの国では協議離婚という制度自体が存在しない。2015年の離婚件数を離婚の種類別件数でみると，協議離婚198,214組（87.6％），調停離婚21,730組（9.6％），審判離婚379組（0.2％），和解離婚3,491組（1.5％），認諾離婚18組（0.0％），判決離婚2,383組（1.1％）であった（表①）。2000年の各数値と比較すると，協議離婚が減少して，調停と裁判による離婚が増加している。

　日本は離婚後の単独親権制度を採用しているため（民法第819条），離婚に際してどちらか一方の親を親権者に定めなければならない。そのため，離婚紛争の多くは，離婚後の子どもの親権や面会交流および養育費をめぐる争いとなっている。協議離婚が減っていることから，夫妻の協議（話し合い）では解決の困難なケースが増えているといえる。

2.　子連れ離婚と熟年離婚

　離婚に関する基礎統計の年次推移（図⑮）で目を引くのは，徐々に割合が減っているとはいえ，結婚5年未満の夫妻の離婚が離婚全体の30％を超えていることで

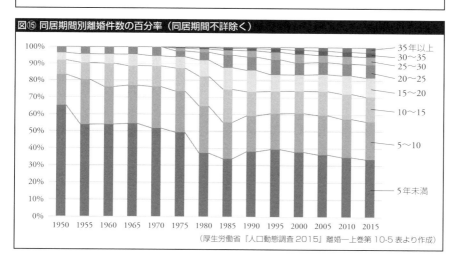

表① 離婚の種類別件数と百分率

年度	協議離婚	調停離婚	審判離婚	和解離婚	認諾離婚	判決離婚
2000	241,703 (91.5%)	20,230 (7.7%)	85 (0.0%)	…	…	2,228 (0.8%)
2015	198,214 (87.6%)	21,730 (9.6%)	379 (0.2%)	3,491 (1.5%)	18 (0.0%)	2,383 (1.1%)

（厚生労働省『人口動態調査2015』離婚—上巻第10-4表より作成）

図⑮ 同居期間別離婚件数の百分率（同居期間不詳除く）

（厚生労働省『人口動態調査2015』離婚—上巻第10-5表より作成）

ある（2015年＝7万1,719組，33.8％。同居期間不詳除く）。結婚5年未満の夫妻の離婚では，必然的に乳幼児の子どものいる離婚が多くなり，離婚後の子どもの親権や養育をめぐって激しく争うケースも多いだろう。一方，結婚20年を超える夫妻の離婚（いわゆる熟年離婚）も徐々に増加しており，2015年は熟年離婚が20％に迫る勢いである（3万8,644組，18.1％）。つまり，子育てが終わってから離婚する夫妻が増えていることがわかる。子どもの目線からすると，父母の不仲や衝突，父母が離婚を我慢する姿を眺めて育ち，自分の子育てが終わったことをきっかけに親が離婚したという経緯に見えるだろう。そのような父母の不仲や離婚が子どもの結婚観や離婚観，ひいては家族観に大きな影響を与えるであろうことは想像に難くない。

3. 離婚後の子どもの親権者

　離婚後の子どもの親権者（2015年）については，「妻が全児の親権を行う」が11万1,428組（84.3％），「夫が全児の親権を行う」が1万5,971組（12.1％），「夫妻が分け合って親権を行う」が4,767組（3.6％）となっている（図⑯）。

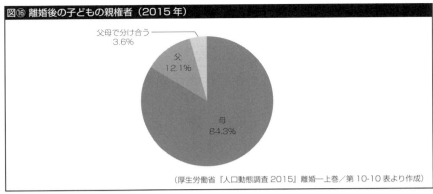

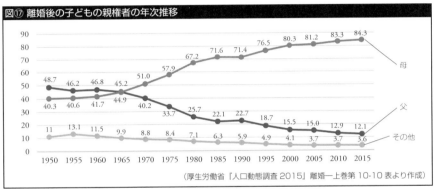

　離婚後の子どもの親権者の年次推移を見ると，1965年〜1970年の間に「妻が全児の親権を行う」の割合が「夫が全児の親権を行う」の割合を逆転して2000年まで急増し，その後も微増傾向にある（図⑰）。

4．ひとり親家庭の貧困

　『平成23年度全国母子世帯等調査結果報告』（厚生労働省，2012）によると，2011年の母子世帯は123.8万世帯，父子世帯は22.3万世帯と推計されている（**表②**）。母子世帯になった理由は離婚が80.8％，死別が7.5％，父子世帯になった理由は離婚が74.3％，死別が16.8％であった。したがって，2011年時点でいえば，離婚による母子世帯は約100万世帯，離婚による父子世帯は約16.6万世帯と推計される。

　収入の状況を見ると，母子家庭の母自身の平均収入は223万円（就労収入は181万円），父子家庭の父自身の平均収入は380万円（就労収入は360万円）となっている。民間の事業所に勤務している給与所得者の平均給与は420万円（男性521万円，女性276万円）なので（国税庁，2016），平均と比較して経済的にかなり厳しい

表② ひとり親家庭の主要統計データ

	母子世帯	父子世帯
1. 世帯数（推計値）	123.8万世帯	22.3万世帯
2. ひとり親世帯になった理由	離婚80.8% 死別7.5%	離婚74.3% 死別16.8%
3. 就業状況	80.6%	91.3%
うち正規の職員・従業員	39.4%	67.2%
うち自営業	2.6%	15.6%
うちパート・アルバイト等	47.4%	8.0%
4. 平均年間収入（母または父自身の収入）	223万円	380万円
5. 平均年間就労収入 　　（母または父自身の就労収入）	181万円	360万円
6. 平均年間収入 　　（同居親族を含む世帯全員の収入）	291万円	455万円

（出典：厚生労働省『ひとり親家庭等の支援について』p.3 表）

状況であることがわかる。

相対的貧困率[註7]のデータは，メディアで取り上げられる機会も多いため，よく知られている。2012年の相対的貧困率（大人が一人の世帯）は，54.6％であった（厚生労働省，2015b）。2010年時点の日本の相対的貧困率50.8％（大人が一人の世帯）は，OECD34カ国中最下位となっている（図⑱）。その後も日本の相対的貧困率はOECD加盟国の中でも最低水準で推移している。

Ⅲ　離婚後の養育問題

1. 面会交流と養育費

離婚に際して父母間の争点となりやすいのは面会交流と養育費である。面会交流とは「子どもと離れて暮らしているお父さんやお母さんが子どもと定期的，継続的に，会って話をしたり，一緒に遊んだり，電話や手紙などの方法で交流すること」であり，養育費とは「子どもを監護・教育するために必要な費用」のことをいう（法務省，2016a）。父母が離婚するときには，子どもの親権だけでなく，面会交流と養育費を取り決めなければならない（民法第766条）。しかし，離婚時の感情的軋轢により，父母が離婚後の子どもの親権，面会交流や養育費について合意できず，裁判で熾烈に争うケースも多い。

[註7] 所得中央値の一定割合（50％が一般的。いわゆる「貧困線」）を下回る所得しか得ていない者の割合のことをいう（厚生労働省，2015c）。

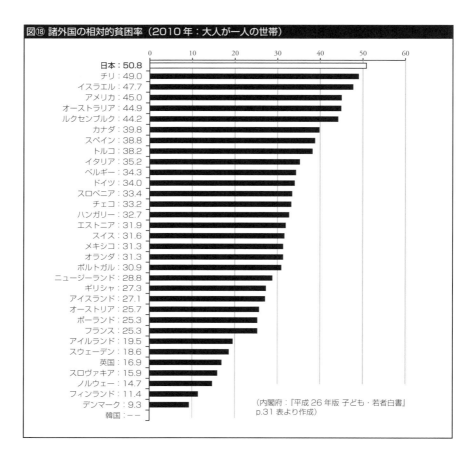

図⑱ 諸外国の相対的貧困率（2010年：大人が一人の世帯）

日本：50.8
チリ：49.0
イスラエル：47.7
アメリカ：45.0
オーストラリア：44.9
ルクセンブルク：44.2
カナダ：39.8
スペイン：38.8
トルコ：38.2
イタリア：35.2
ベルギー：34.3
ドイツ：34.0
スロベニア：33.4
チェコ：33.2
ハンガリー：32.7
エストニア：31.9
スイス：31.6
メキシコ：31.3
オランダ：31.3
ポルトガル：30.9
ニュージーランド：28.8
ギリシャ：27.3
アイスランド：27.1
オーストリア：25.7
ポーランド：25.3
フランス：25.3
アイルランド：19.5
スウェーデン：18.6
英国：16.9
スロヴァキア：15.9
ノルウェー：14.7
フィンランド：11.4
デンマーク：9.3
韓国：ーー

（内閣府：『平成26年版 子ども・若者白書』p.31 表より作成）

　面会交流の新受件数（審判と調停）は，右肩上がりで急激に増加している（図⑲）。2011年に審判と調停を合わせて年間1万件を突破した後も，とどまる気配はまったくない。2015年の面会交流の新受件数は，調停12,264件，審判1,977件であった。これは2000年の約5.2倍になる。一方，養育費請求の新受件数は，ここ数年，調停が約1万8,000件前後，審判が約3,000件前後で推移している（図⑳）。これほど面会交流紛争と養育費請求が多いことからも容易に推測できるが，面会交流の実施状況と養育費の受給状況は非常に芳しくない。『平成23年度全国母子世帯等調査結果報告』（厚生労働省，2012）によると，「現在も面会交流を行っている」は母子世帯27.7％，父子世帯37.4％，「現在も養育費を受けている」は母子世帯19.7％，父子世帯4.1％でしかなかった（表③，表④）。この養育費受給状況は，欧米諸国と比較しても最低水準である（図㉑）。

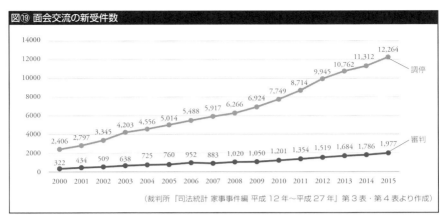

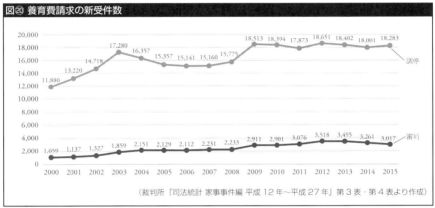

　また，調停や審判で面会交流を取り決めても，日本では月1回が約44％，宿泊なしが約92％となっている（図㉒）。さらに養育費については，受給されたとしても平均月額は4万3,482円にとどまっている（同書）。いずれにせよ，父母の離婚後に，離れて暮らす別居親との面会交流や養育費が不十分といえる子どもが多数いることは，深刻に受け止めるべきだろう。父母の離婚のしわ寄せが子どもに重くのしかかっているといえる。

[註8] 2015年の面会交流紛争は，調停成立が約55％，審判認容が約44％であった（司法統計，2015）。一方，養育費請求は，調停成立が約64％，審判認容が約59％であった（同書）。面会交流紛争も養育費請求も解決が約半数程度と難しい事案であることがわかる。協議離婚については，どの程度の面会交流が実施されどの程度の養育費が支払われているのか，調べることさえ難しい。

[註9] 養育費を払わない親だけでなく払えない親（無職や借金等）も多いことが指摘されている。

表③ 面会交流の実施状況

	母子世帯	父子世帯
現在も面会交流を行っている	27.7	37.4
面会交流を行ったことがある	17.6	16.5
面会交流を行ったことがない	50.8	41.0
不詳	3.9	5.0

(厚生労働省『平成23年度 全国母子世帯等調査結果報告』表18-(2)-1・表18-(2)-3より作成)

表④ 養育費の受給状況

	母子世帯	父子世帯
現在も養育費を受けている	19.7	4.1
養育費を受けたことがある	15.8	2.9
養育費を受けたことがない	60.7	89.7
不詳	3.8	3.4

(厚生労働省『平成23年度 全国母子世帯等調査結果報告』表17-(3)-1・表17-(3)-3より作成)

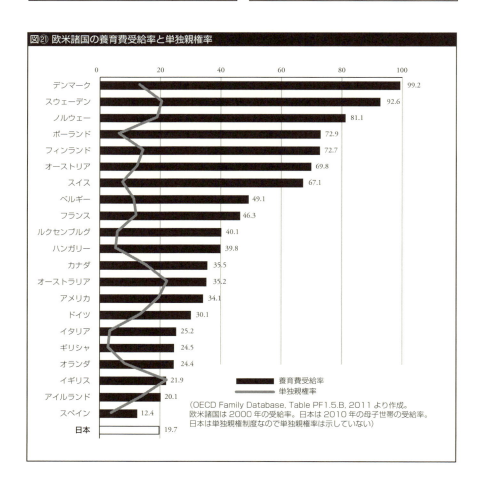

図㉑ 欧米諸国の養育費受給率と単独親権率

(OECD Family Database, Table PF1.5.B, 2011より作成。欧米諸国は2000年の受給率。日本は2010年の母子世帯の受給率。日本は単独親権制度なので単独親権率は示していない)

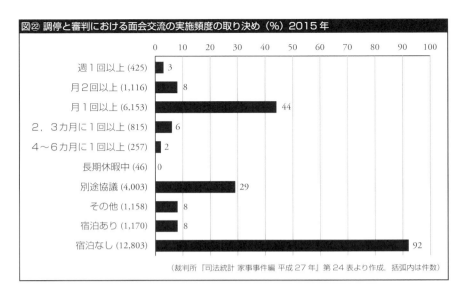

2. 離婚が子どもに与える影響

そもそも、親の離婚は子どもにどのような影響を与えるのだろうか。欧米諸国では離婚研究が盛んで、膨大な知見が得られている。たとえば、**表⑤**には親の離婚が子どもに与える影響がまとめられている。このように、親の離婚は子どもの生涯にわたって全般的にマイナスの影響を及ぼし続けることが明らかになっている。とりわけ親が離婚した後の数年間は、子どもが（そして親も）不安定になりやすいとされている。そういった意味で、離婚は１回の出来事と捉えるのではなく、通過するのに数年を要する（場合によっては生涯にわたる）長期的なプロセスとして捉えることが必要である。

表⑤ 親の離婚が子どもに与える影響

無職	精神疾患	離婚	早死
早期の性体験	ドラッグ依存 アルコール依存	親密な関係性に対する不安	退学
	発達の偏り	社会性の問題	貧弱な自己概念
攻撃性と行為の問題	抑うつ 不安	学業成績不振	心身症状
混乱と困惑	見捨てられ感	悲しみ／寂しさ 怒り／腹立ち	罪悪感 自己批判

（出典：Clark-Stewart & Brentano, 2006, p.129）

第Ⅱ部──離婚・再婚と家族

ただし，言うまでもなく，親の離婚を経験した子どものすべてにこうした影響が出るわけではない。この点については，面会交流と養育費が親の離婚によるマイナスの影響を予防する2大要因であることがわかっている（Kelly, 2012）。逆に，マイナスの影響につながる危険要因としては，面会交流や養育費が不十分であることに加えて，「離婚のショックの度合い」「それまでの生活様式の喪失（負の変化）の度合い」「離婚による同居親の養育力低下」「離婚後も継続する父母の衝突」などが指摘されている（Clark-Stewart & Brentano, 2006）。なかでも，離婚後も継続する父母の衝突（紛争性）の高さが子どもに強くマイナスの影響を与える点については，多くの離婚研究者たちの見解が一致している（Kelly & Emery, 2003）。

　残念ながら，日本の離婚研究は萌芽期にあり，これから実証的な知見を積み重ねていかなければならない。日本で行われた研究としては，青木（2011）が，親の離婚後に面会交流をしていない大学生群は面会交流をしている大学生群と比較して「自己肯定感」が低く，「親和不全」が高いことを明らかにしている。そして，親の離婚を経験した大学生であっても，別居親と面会交流を続けている場合は，両親のそろっている家族に育った大学生と比較して「自己肯定感」および「親和不全」の得点に有意差がないことも明らかにしている。また，野口ら（2016）は，面会交流をしている大学生群は面会交流をしていない大学生群と比較して「親子間の信頼感」が高いこと（父親への信頼感が高いこと）や，面会交流の宿泊あり群は宿泊なし群と比較して満足度が高いこと，満足度の高い面会交流をしている群はそうでない群と比較して「自己肯定感」や「環境への適応」が高いことなどを明らかにしている。

3. アメリカにおける離婚家族への支援

　欧米諸国では，「児童の権利条約」[註10]（1990）の批准前後に，離婚後の共同養育制度が整備されている。そして現在では，「子どもの最善の利益」を理念の中心に据え，「頻繁かつ継続的な面会交流」の実施と「必要十分な養育費」の確保を柱とした，離婚家族への支援制度を工夫している[註11]。

　たとえば，アメリカではほとんどの州で，未成年の子どもがいる場合の離婚

[註10]「児童の権利条約」とは，児童（18歳未満）の権利について定めている国際条約である（外務省，2016a）。2016年2月現在，締約国は196カ国にのぼる（外務省，2016b）。欧米諸国が離婚後の共同養育制度を整備する根拠となった「児童の権利条約」の主な条文は，第9条第3項（親子不分離の原則），第18条第1項（共同親責任の原則），第27条第4項（養育費確保の原則）である。

[註11] アメリカの離婚制度（青木，2012）とノルウェーの離婚制度（青木・野口，2016）は，ほぼ同じような制度構成となっている。

時の手続きとして，①親教育プログラムの受講，②養育計画の提出，を義務づけている。親教育プログラムの受講証明書と父母が取り決めた養育計画を裁判所に提出しなければ，離婚の手続きが進まないのである。

　親教育プログラム（たいてい合計4〜6時間程度）では，親の離婚が子どもに与える影響の説明を受け，離婚後の子育ての注意点や，離婚後の面会交流[註12]と養育費の重要性，元配偶者と連絡する際の感情のコントロールの仕方などを学ぶ。プログラムの進行は，自動車免許更新時の講習の進め方に近い。一方的な講義だけでなく，動画視聴や体験的演習などを織り交ぜながら，話術巧みな講師が手際よく離婚後の子育ての心構えを伝えていく。最近では，オンラインで受講できる親教育プログラムも増えている。

　一方，養育計画とは，端的に言えば面会交流のスケジュールのことである。各州で裁判所が標準プランをあらかじめ用意しており，父母の協議により個別の事情を書き込めば（パソコンに入力すれば）簡単に養育計画を作成できるように書式が工夫されている。子どもが児童期以上の場合の一般的な標準プランは，「隔週2泊3日[註13]＋毎週1回夕食＋主な祝日のうち半数＋夏期の数週間」（アトキンソン，2010）であり，これにより年間100日以上の面会交流が実現している。子どもが乳幼児期の場合は，愛着関係を築くために，さらに頻度の多い面会交流（たとえば，週3回・1回数時間など）が推奨されている（アリゾナ州最高裁判所，2009）。

　ちなみに，DVや虐待，ドラッグ・アルコール依存や精神疾患などによる養育困難，不適切な養育態度などがみられるときは，子どもの安全・安心を最優先に考慮し，裁判所命令で「監督つき面会交流」が行われる（面会交流の頻度や場所に厳しい制限が加えられ，面会交流には第三者による監督がつく）。加えて，問題を抱えた親対象の治療的な心理教育プログラムの受講が裁判所によって命じられる場合もある。養育費に関しては，各州が独自に養育費算定のガイドラインを定めており，離婚時に父母の所得に応じて算定される。どの州でも，一定額以上の養育費を悪質に滞納すると，クレジットカードや運転免許の停止，裁判所侮辱罪の適用，さらには全米規模で養育費を滞納している別居親の捜索が行われる（OCSE, 2017）。

　なお，アメリカにおける離婚家族への支援の特徴は，当事者主体あるいは当事者同士の支援という側面が大きいことであろう。たとえば，離婚・再婚後の子

[註12] 欧米諸国では，「面会・訪問（visitation）」という言葉は刑務所を連想させるために最近はあまり好まれず，親子の「触れ合い・交流（contact/access）」や「養育の時間・子育ての時間・育児の時間（parenting time）」という言葉がよく使われる。

[註13] 最近では隔週3泊4日も多い。その場合，別居親が子どもを金曜日の午後に学校に迎えに行き，月曜日の朝に学校に送り届ければよいので，高葛藤の父母が顔を合わせなくて済む。

育てに悩む父母（同居親・別居親）の自助グループや，親が離婚・再婚した子ども（年齢層別）の自助グループの開催をよく見かける。インターネットのSNS（ソーシャル・ネットワーキング・サービス）の発展により，同じ地域に在住する別の当事者と知り合う機会が増えた近年では，当事者同士が自助グループで支え合うことが一般的になっているようである。面会交流の支援（受け渡しやつき添い）も，面会交流を経験した先輩当事者がトレーニングを受けた後にボランティアとして参

> **COLUMUN** | 片親疎外 (Parental Alienation)
>
> 　欧米諸国では，離婚紛争が急増した1970年代頃から，親の高葛藤離婚を経験した子どもに見られる奇異な言動が，離婚研究者や心理臨床家によってたびたび報告されるようになった。子どもが同居親の別居親に対する嫌悪感や恐怖感と病的に同一化して，別居親を疎外ないし拒絶するのである。代表的な報告としては，離婚研究の権威ウォラースタインとケリー（Wallerstein & Kelly, 1980）による言及がある。その後，著名な児童精神科医ガードナー（Gardner, 1985）がそうした子どもの言動を片親疎外症候群と命名し，専門家だけでなく，広く一般にも知られるようになった。1990年代のアメリカでは，「片親疎外症候群を誘発した悪い母親」vs「DV・虐待の加害者である悪い父親」という対立図式で子どもの監護権を争う泥沼の中傷合戦が離婚紛争の定番となり，行き過ぎた中傷合戦に片親疎外症候群という臨床概念を敬遠する風潮さえ生まれた。
>
> 　しかし，ケリーとジョンストン（Kelly & Johnston, 2001）が離婚紛争の犠牲になっている子どもに焦点を当てた再理論化（片親疎外の多因子モデル）を提唱し，現在では高葛藤離婚に起因する忠誠葛藤を抱えた子どもが示す行動面の特徴として理解され，「両親の高葛藤離婚を経験した子どもが，片方の親（多くの場合は同居親）と強固に同盟を組み，正当な理由なく，もう片方の親（別居親）との交流を拒絶する心理状態」と定義されている（Bernet, 2010）。ウォーシャック（Warshak, 2003）は，片親疎外の中核要素として，①子どもが別居親に対して誹謗中傷や拒絶を繰り返す（エピソードが単発的ではなく持続的），②不合理な理由による拒絶（別居親の言動に対する正当な反応といえない疎外），③同居親の言動に影響された結果としての拒絶，の3点を挙げている。
>
> 　離婚後の単独親権制度を採用している日本では，親権紛争が激しくなると子どもが忠誠葛藤に追い込まれやすいため，子どもの片親疎外の問題に気を配る必要がある。片親疎外は忠誠葛藤についての専門知識がないと事後的な対応が難しい。親が離婚するときの子どもの気持ちや面会交流の重要性に関する予防的な心理教育の普及が切に望まれる。

加していることが多い。

それに対して専門家は，監護評価や養育計画の作成支援に加えて，心理教育のファシリテーション，高葛藤離婚で疎遠になった親子の関係修復を試みるアプローチ，監督つき面会交流の実践などが重要な役割となっている。たとえば，離婚時の親教育プログラム，問題を抱えた親対象の治療的な心理教育，離れて暮らす親子が参加する野外キャンプ，親子の関係修復のための心理教育的ワークショップ，親子再統合セラピーなどが専門家によって行われている。

4. 日本における離婚家族への支援

日本は「児童の権利条約」を 1994 年に批准したにもかかわらず，現在に至るまで離婚後単独親権制度のままである（2017 年 3 月現在）。それどころか，日本では，離婚家族への支援が事実上まったく行われてこなかったと言っても過言ではないだろう。

しかし，民法第 766 条が改正されるなど，変化の兆しもみられる。改正後の民法第 766 条（2012 年 4 月 1 日施行）では，父母が協議上の離婚をするときに協議で定める「子の監護について必要な事項」の具体例として，「父又は母と子との面会及びその他の交流」（面会交流）および「子の監護に要する費用の分担」（養育費の分担）が明示されるとともに，子の監護について必要な事項を定めるに当たっては「子の利益を最も優先して考慮しなければならない」と明記された。国もようやく重い腰を上げ，『児童の権利条約』に定められた子どもの権利であり親の責任としての面会交流と養育費の問題に取り組む方向へ舵を切ったといえる。この民法改正により，離婚届に面会交流と養育費の取り決め状況のチェック欄が設けられた。また，離婚後の面会交流と養育費の重要性の周知徹底を図るために，リーフレットが作成されている（法務省，2012／図㉓）。さらに，離婚や面会交流をめぐる調停手続きに向けて，父母として子どものために配慮したい事項

図㉓ 法務省作成のリーフレット

を説明する動画の一般配信も開始された（裁判所，2012）。

　自治体においては，兵庫県明石市が全国に先駆けて2014年から欧米諸国の制度に倣った面会交流支援の先進的な取り組みを始めている。具体的には，市役所内でのこども養育専門相談の実施のほか，市役所の窓口に離婚届を取りに来た人に，「こどもの養育プラン」「こどもの養育に関する合意書」「合意書・養育プラン作成の手引き」「養育費算定表」「親の離婚とこどもの気持ち」「こどもと親の交流ノート」を併せて配布し，「離婚前講座――離婚後の子育てとこどもの気持ち」や「こどもふれあいキャンプ」（親の離婚や別居を経験した子ども対象）の開催，面会交流のサポート事業（受け渡し，連絡調整）などを試みている（明石市，2014）。その後，法務省も「子どもの養育に関する合意書作成の手引きとQ&A」を作成し，2016年から全国自治体の窓口で配布を開始した（法務省，2016）。

　今後，日本でも欧米諸国で行われている離婚家族への支援を参考にしつつ，共同親権と単独親権の相違を踏まえ，わが国独自の支援制度を工夫していく必要があるだろう。どのような離婚制度が望ましいのか，私たち一人ひとりが主体的に考えていかなければならない。

文　献

明石市（2014）．離婚後のこども養育支援―養育費や面会交流について．［https://www.city.akashi.lg.jp/seisaku/soudan_shitsu/kodomo-kyoiku/youikushien/youikushien.html］

青木聡（2011）．面会交流の有無と自己肯定感／親和不全の関連について．大正大学カウンセリング研究所紀要，34, 5-17.

青木聡（2012）．アメリカにおける面会交流の支援制度―離婚手続きの流れと監督付き面会交流の実際．大正大学カウンセリング研究所紀要，35, 35-49.

青木聡・野口康彦（2016）．ノルウェーの離婚制度．家族療法研究，33（2），110-118.

Arizona Supreme Court（2009）．Planning for Parenting Time: Arizona's Guide for Parents Living Apart.［http://www.azcourts.gov/portals/31/parentingTime/PPWguidelines.pdf］

アトキンソン，ジェフ（2010）．離婚後の子供の親権に関する米国の法律．アメリカン・ビュー：アメリカ大使館公式マガジン．Jan 22. 2010.［http://amview.japan.usembassy.gov/children-and-divorce/］

Bernet, W.（2010）．*Parental Alienation: DSM-5 and ICD-11.* Charles C Thomas.

Clark-Stewart, A. & Brentano, C.（2006）．*Divorce-Causes and Consequences.* Yale University Press.

外務省（2016a）．児童の権利に関する条約．［http://www.mofa.go.jp/mofaj/gaiko/jido/zenbun.html］

外務省（2016b）．児童の権利に関する条約締約国一覧．［http://www.mofa.go.jp/mofaj/gaiko/jido/zenbun_1.html］

外務省（2017）．ハーグ条約（国際的な子の奪取の民事上の側面に関する条約）．［http://www.mofa.go.jp/mofaj/fp/hr_ha/page22_000843.html］

Gardner, R. A.（1985）．Recent trends in divorce and custody litigation. *Academy Forum,* 29（2），3-7.

法務省（2012）. リーフレット掲載のお知らせ―養育費の分担・面会交流. ［http://www.moj.go.jp/MINJI/minji07_00113.html#リーフレット］

法務省（2016a）. 子どもの養育に関する合意書作成の手引きとQ&A. ［http://www.moj.go.jp/MINJI/minji07_00194.html］

Kelly, J. B. & Emery, R. E.（2003）. Children's adjustment following divorce-Risks and resilience perspectives. *Family Relations,* 52, 352-362.

Kelly, J. B. & Johnston, J. R.（2001）. The alienated child: A reformulation of parental alienation syndrome. *Family Court Review,* 39（3）, 249-266.

Kelly, J. B.（2012）. Risk and Protective Factors Associated with Child and Adolescent Adjustment Following Separation and Divorce. In Kuehnle, K. F. & Drozd, L. M.（2012）. *Parenting Plan Evaluations: Applied research for the Family Court.* Oxford University Press.

国立社会保障・人口問題研究所（2015）. 人口統計資料集（2015）. ［http://www.ipss.go.jp/syoushika/tohkei/Popular/Popular2015.asp?chap=6］

国税庁（2016）. 平成27年分民間給与実態統計調査調査結果報告. ［https://www.e-stat.go.jp/SG1/estat/GL08020103.do?_toGL08020103_&listID=000001159883&disp=Other&requestSender=dsearch］

厚生労働省（2012）. 平成23年度全国母子世帯等調査結果報告. ［http://www.mhlw.go.jp/seisakunitsuite/bunya/kodomo/kodomo_kosodate/boshi-katei/boshi-setai_h23/］

厚生労働省（2014）. ひとり親家庭の支援について. ［http://www.mhlw.go.jp/bunya/kodomo/pdf/shien_01.pdf］

厚生労働省（2015a）. 厚生労働統計に用いる主な比率及び用語の解説. ［http://www.mhlw.go.jp/toukei/kaisetu/index-hw.html］

厚生労働省（2015b）. ひとり親家庭等の現状について. ［http://www.mhlw.go.jp/file/06-Seisakujouhou-11900000-Koyoukintoujidoukateikyoku/0000083324.pdf］

厚生労働省（2015c）. 国民生活基礎調査（貧困率）よくあるご質問. ［http://www.mhlw.go.jp/toukei/list/dl/20-21a-01.pdf］

厚生労働省（2016a）. 人口動態調査2015―人口動態統計. ［https://www.e-stat.go.jp/SG1/estat/GL08020101.do?_toGL08020101_&tstatCode=000001028897&requestSender=dsearch］

厚生労働省（2016b）. 平成28年我が国の人口動態（平成26年までの動向）. ［http://www.mhlw.go.jp/toukei/list/dl/81-1a2.pdf］

文部科学省（2017）. 平成27年度児童生徒の問題行動等生徒指導上の諸問題に関する調査―4. 小・中学校の長期欠席（不登校等）表4-1 ［http://www.e-stat.go.jp/SG1/estat/NewList.do?tid=000001016708］

内閣府（2014a）. 平成26年度結婚・家族形成に関する意識調査報告書（全体版）［http://www8.cao.go.jp/shoushi/shoushika/research/h26/zentai-pdf/］

内閣府（2014b）. 平成26年版子ども・若者白書. ［http://www8.cao.go.jp/youth/whitepaper/h26honpen/pdf/b1_03_03.pdf］

内閣府（2015）. 年齢別未婚率の推移. ［http://www8.cao.go.jp/shoushi/shoushika/data/mikonritsu.html］

内閣府（2016）. 平成28年版少子化社会対策白書. ［http://www8.cao.go.jp/shoushi/shoushika/whitepaper/measures/w-2016/28pdfhonpen/28honpen.html

野口康彦・青木聡・小田切紀子（2016）．離婚後の親子関係および面会交流が子どもの適応に及ぼす影響．家族療法研究, 33（3）, 83-89.

OCSE = Office of Child Support Enforcement（2017）. Child Support Handbook.［https://www.acf.hhs.gov/sites/default/files/programs/css/child_support_handbook_with_toc.pdf］

OECD =（2010）. OECD Family database.［https://www.oecd.org/els/family/41920285.pdf］

裁判所（2000〜2015）．司法統計家事事件編［平成12年〜平成27年］［http://www.courts.go.jp/app/sihotokei_jp/search］

裁判所（2012）．離婚をめぐる争いから子どもを守るために．

総務省（1960〜2016）．国勢調査.［https://www.e-stat.go.jp/SG1/estat/GL02100104.do?tocd=00200521］

総務省（2016b）．平成27年国勢調査―人口等基本集計全国結果．［https://www.e-stat.go.jp/SG1/estat/GL08020103.do?_toGL08020103_&tclassID=000001077438&cycleCode=0&requestSender=search］

The World Bank（2017）. Fertility rate, total（births per woman）.［http://data.worldbank.org/indicator/SP.DYN.TFRT.IN?end=2014&start=1960&view=chart&year_high_desc=true］

Wallerstein, J. S. & Kelly, J. B.（1980）. *Surviving the Breakup: How Children and Parents Cope with Divorce.* Basic Books.

Warshak, R. A.（2003）. Bringing Sense to Parental Alienation: ALook at the Disputes and the Evidence. *Family Law Quarterly,* 37（2）, 273-301.

BOOK GUIDE

ジュディス・ウォラースタイン，ジュリア・ルイス，サンドラ・ブレイクスリー（著）『それでも僕らは生きていく――離婚・親の愛を失った25年間の軌跡』 PHP研究所，2001年｜アメリカの離婚研究の権威ウォラースタインらによる，親の離婚を経験した子どもを25年にわたって追跡調査した結果の報告である。「離婚と子ども」の研究者にとって必読図書となっている。

コンスタンス・アーロンズ（著）『離婚は家族を壊すか』 バベル・プレス，2006年｜この本も同様に，親の離婚を経験した子どもを20年後に追跡調査した結果の報告である。ウォラースタインらの調査報告との類似点や相違点は何だろうか？ぜひ読み比べてみてほしい。

棚瀬一代『離婚で壊れる子どもたち―心理臨床家からの警告』 光文社新書，2010年｜離婚紛争の渦中に巻き込まれた子どもが忠誠葛藤によって示す片親疎外について，事例を通して非常にわかりやすく解説している。高葛藤離婚で何が問題となっているのか，どうしたら解決できるのか，この本を読んで自分なりに考えてみよう。

（あおき・あきら／大正大学）

第Ⅱ部　離婚・再婚と家族

第4章 再婚家庭と子ども

小田切紀子 Noriko Odagiri

この章のねらい ｜ 離婚後の人生の選択肢の一つとして再婚がある。再婚家族は，両親と子どもの家族構成から成り立つため初婚家族と区別がつきにくいが，初婚家族と異なり，家族関係の複雑さと家族境界の曖昧さが存在する。本章では，再婚家族と初婚家族の相違，再婚家族の親子関係の特徴などについて学ぶ。

キーワード ｜ ステップファミリー，子連れ再婚，継親子関係，家族境界の曖昧さ

Ⅰ ステップファミリー（再婚家族）とは

　現代の日本は，未婚化・晩婚化傾向のため婚姻件数は減少しているが，再婚件数は微増している。全婚姻件数のうち，夫と妻ともに再婚が9.3％，夫のみが再婚が9.7％，妻のみが再婚が7.1％であり，結婚するカップルのおよそ4組に1組がどちらかが再婚のカップルである（厚生労働省「人口動態統計」，2015）。ステップファミリー（stepfamily 再婚家族）とは，カップルが以前の結婚でできた子どもを連れて再婚して始まった家族をさす。

　「ステップstep」とは英語で「継関係」という意味で，ステップファミリーとは，全米ステップファミリー支援組織 SAA（Stepfamily Association of America）の創始者ヴィシャー夫妻（E. B. Visher, J. S. Visher）によると「1組の成人の男女がともに暮

[註1] SAA（Stepfamily Association of America）は，1979年の発足以降，全米規模で支援活動を展開してきたステップファミリーの支援機関。多くの当事者と研究者の協力によりステップファミリーの研究が蓄積され，ステップファミリーに関する書籍や教育プログラムなどを多数提供してきた。2006年に活動を停止し，その資源と活動の拠点をオーバーン大学の全米ステップファミリー・リソース・センター（National Stepfamily Resource Center, NSRC）に移管した。現在のNSRC所長はフランチェスカ・アドラー＝ベーダー氏（Francesca Adler-Baeder／オーバーン大学・人間発達・家族研究学科教授）。

らしていて，少なくともどちらか一方に，前の結婚でもうけた子どもがいる家族」と定義されている（Visher & Visher, 1991）。つまり，ステップファミリーとは血縁関係のない親子関係，継親子関係を含む家族をさす。ステップファミリーには多様なタイプがあり，男女ともに元配偶者と離死別後に，子連れで再婚する場合，結婚経験のない男性とシングルマザーが結婚する場合，シングルファーザーが結婚経験のない女性と結婚する場合などがある。ステップファミリーは，その形成過程，子どもの性別，年齢，人数，子どもが離れて暮らす実親と面会交流があるかないかなど，各家庭で状況は異なる。

II ステップファミリーの特徴

　子どもを連れて再婚し新しい家族を築くので，初婚家族とはスタート時点から異なる。離婚後の再婚であれば，元配偶者との別れによる喪失感，継子を育てる苦労，経済的負担などがある。多様なタイプがあるステップファミリーだが，共通する特徴は，メンバー全員が喪失体験をしていること，親子関係が夫婦関係よりも歴史が長いことである（野沢，2011）。

1. メンバー全員が喪失体験

　家族メンバー全員が，配偶者や親，あるいは転居・転校などの喪失体験を経験しており，喪失や変化によって生じる不安，ストレスを抱えている。この点で，里親家族，ひとり親家族とも異なる。

2. 親子関係が夫婦関係よりも歴史が長い

　初婚家族と異なり，再婚した時点ですでに親子関係が存在しており，子どもから見ると離れて暮らすもうひとりの親（実親）が存在する。親が離婚・再婚を繰り返せば，「親」と呼ぶ人が多くなり複雑になる。親の離婚を経験した子どもは，継母（継父）を受け入れることは，実母（実父）を裏切ること，存在を否定するように感じて罪の意識がおき，忠誠心をめぐる葛藤が生じやすい。

　このようにステップファミリーは，初婚家族と家族構成も形成過程も異なるにもかかわらず，多くのステップファミリーは初婚家族を目指し，継親が親役割を取り「新しいお父さん」「新しいお母さん」として家族を再スタートさせようとするため家族メンバー間のストレスが高くなる。とくに，出産・育児経験のない女性が，継母になるケースが最もストレスが高い（水谷，2014）。

　このようなステップファミリーの特徴を理解するために，再婚したばかりのステップファミリーの家族関係を図①に示す。家族メンバー間の線は，太いほど

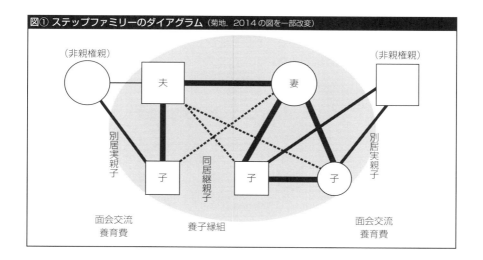

親密な関係であることを示す。グレー内が，ステップファミリーである。ステップファミリーは，再婚した夫婦が，元配偶者と離婚後あるいは死別後に再婚したのか，元配偶者との間に子どもはいたのか，子どもと別居親との面会交流はあるのかなど多様なタイプがある。図①の夫婦は，それぞれ離婚後再婚し，それぞれが子どもを連れて再婚した場合である。ステップファミリーは，家族メンバーがそれぞれ異なる家族の経験を持っており，再婚したばかりの時期は，継親と継子との関係よりも，別居する実親と子どもとの絆の方が強く，継親と継子それぞれが持つ以前の家族経験や文化がぶつかり合うこともある。

　他方，ステップファミリーとゲイ，レズビアンのカップル・家族を比較すると，共通点は，社会的差別の存在，サポートやモデルが少ないことである。しかし，『アメリカの家族』の著者，岡田（2000）によると，アメリカで取材に応じてくれる家族を見つけるとき，もっとも困難だったのは，同性愛者のカップルでも，生殖技術で子どもを授かった人でもなく，再婚家族だったという。岡田は，「それほど再婚家庭がもろく壊れやすいのではないか」と述べている。この著書の第5章「新しい絆を求めて——再婚家族」に，著者が取材した印象的なステップファミリーがある。「ニコールの高校の卒業式には，両親とスーザン（継母）が出席しました。母親がスーザンに歩み寄り，言いました。『いつもニコールのそばにいてくれて，ありがとう』。思わぬ言葉に一瞬，戸惑いましたが，スーザンも答えました。『こちらこそ，ありがとう』。二人の母親はどちらからともなく抱き合いました。二人とも泣いていました。傍らで母親たちを見守るニコールの目

にも，涙が光っていました」これは，アメリカでも特別なケースかもしれないが，継母と実母が娘の高校の卒業式で抱き合って涙を流す光景は，日本のステップファミリーの状況とは隔たりがあるだろう。

Ⅲ ステップファミリーの八つの思い込み

　このようにステップファミリーは，家族構成の複雑さと家族境界の曖昧さを抱え，再婚に対する一人ひとりの心理的反応や家族関係の変化も非常に複雑であり，どこまでを自分の家族と考えるのか，誰とどのように関わるべきかについて明確な答えがない。子どもから見ると，別居する実親と継親のどちらが「親」なのか，家族のメンバーには誰が入るのかなど曖昧でデリケートな問題が存在する。にもかかわらず，ステップファミリーは，初婚家庭や普通の家庭を目指そうとするため，子連れで再婚する大人たちは，「現実離れした期待」や「はじめからうまくいくという思いこみとの闘い」であるという。2001年に，SAAと連携し日本のステップファミリーの当事者が中心となり成立した支援組織SAJ (Stepfamily Association of Japan)[註2]は，SAAによるステップファミリーに関連する七つの思い込みと問題点を紹介している。以下，概略を示す。

　(1) 一緒に暮らせば家族になれる　ステップファミリーの研究から，ステップファミリーが新しい家族としてまとまるには最低でも4年かかるという。一般的には，小さい子どものいる家庭のほうが，年齢が上の子どもがいる家庭よりも家族がまとまるまでにかかる時間が少ない傾向がある。

　(2) 子どもがみな両親の実子である家族（初婚家族）と，同じような親子関係・家族関係をめざすべきだ　初婚家族と再婚家族には基本的な構造に違いがあるため，ステップファミリーの親子関係・家族関係を初婚家族と同じにすることには無理がある。家族にはそれぞれ異なるニーズや理想の形があるので，自分の家族にとってもっともよいと思う親子関係・家族関係とはどういうものかを考え，その実現を目指そう。

　(3) パートナーを愛していれば，その子どももすぐに愛することができる。子どもの方も，新しい親をすぐに親として受け入れることができる　どんな関係でも，関係が育ち成熟するまでには時間がかかる。「私を愛しているのだから，私の子どものことも愛せるはず」という実親の期待は，家族みなにフラストレーション

[註2] SAJ (Stepfamily Associate Japan) は，2001年にSAAと連携し日本にステップファミリーの当事者が中心となり設立した支援機関 (http://www.saj-stepfamily.org)。

と罪悪感をもたらすことにもなる。継親が温かい絆を持ちたいと思っていても，子どもにはまだ心の準備ができていないこともある。

(4) **継母は意地悪だ**　世間の継母に対するイメージは，シンデレラや白雪姫の影響を受けて否定的なものである。良い親になろうと努力するにもかかわらず，継母はこの偏見に悩まされることが多く，継父の虐待事件などから来る偏見にも同じことが言える。継親子関係が深まっていくには時間がかかる。

(5) **親の離婚・再婚を経験した子どもは，問題を抱えている**　アメリカの調査研究によると，子どもが親の再婚や離婚後の適応に長期的に問題を持ち続けるの

COLUMUN ｜ SAJの活動　　　　　　　　　　　　　　　緒倉珠巳（SAJ代表）

　SAJ（Stepfamily Association of Japan）は2001年に設立して以来，国内の複数地域でサポートグループを継続開催してきた。参加者は継母や実母，継父，実父，初婚継親，再婚実継親（実親と継親両方の立場）などさまざまである。サポートグループでは，ステップファミリーにありがちな特有の課題をプログラムに沿って学び，参加者の経験をわかちあい，抱えていたストレスをノーマライズしていく。今までに面識のない他人がパートナーと同じような気持ちを語ることに驚くとともに，ステップファミリーの構成メンバーがいかに異なる喪失や思いを抱くかに気づき，新たな視点で家族やカップルに向き合う機会を得る。多くの参加者が「自分だけじゃなかった」「もっと早く知っていれば（ショックを受けなかったかもしれない）」と話す。また当事者の経験に耳を傾けると，ステップファミリーであればごく当たりまえの課題に戸惑い，家族の形や血縁のあるなしに越えられない壁を感じ，継親へ実親のような役割期待を抱くのは，当事者だけではなく，家族に関わる支援者にも多いことがうかがえる。日本の親当事者がその悩みを相談に訪れても，すんなり理解されることは少なく，親になる覚悟がないと指摘され，実親子関係の子育てを想定した助言をされるために，さらにストレスを増すことも多い。ステップファミリーには，離婚や死別で生じる課題，子育てに絡む課題，ステップファミリーの構造から生じる課題，個人のコミュニケーションスキルや原家族に由来する課題，社会の文化や制度から生じるストレスなど，家族の発達過程に沿って，多くのチャレンジ（課題）がある。そのチャレンジは，知識を持たない当事者の自助努力では困難が多く，日々の生活への実践的な支援が必要だ。例えば，面会交流の制度的支援や，妊娠・出産時の母親・父親学級のように受講できるステップファミリーに特化した学習の機会など，健全な家族関係を形成するための情報と支援の充実が今，社会に求められている。

は，3分の1であり，このような子どもは，両親が別居や離婚をする前から不安定になり始めることが多い。再婚家族の子どもの約70％が，自分たちの家に慣れ，新しい生活が価値あるものだと感じるようになると落ち着いている。

　（6）**離れて暮らすもう一人の実親に会わせないほうが，子どものためによい**　離れて暮らすもう一人の親と連絡を取っていない場合，子どもはその親について現実とかけ離れた幻想や理想化する傾向がある。前の配偶者が夫・妻として満足のいくパートナーではなかったとしても，子どもにとっては大切な親であるということを忘れてはいけない。子どもを虐待したり無視したりするなどという場合を除いて，子どもは，離れて暮らす親と可能な限り連絡を取り合うことが望ましい。

　（7）**死別の再婚の方が，離婚後の再婚より楽だ**　亡くなった人のことを現実的に考えるのは難しく，美化されることがあるので，子どもは新しい継親を歓迎しない場合も多い。また，死別した配偶者は，前の結婚と「同じ」結婚生活を求める傾向があるので，新しいパートナーの負担となる。以前と「同じ」関係というのは，ありえないからである。

IV　ステップファミリーの二つの家族モデル

　ステップファミリーが直面する問題は，先述のように初婚家族，普通の家族を目指し，継親が継子の「新しい親」になろうとすることである。この背景には，伝統的家族観，つまり家族は両親と子どもから成り立つというイメージがある。この伝統的家族イメージを基盤にしたステップファミリーの家族モデルを「スクラップ＆ビルド型」（野沢，2008），または「代替家族モデル」（菊地，2005）と言う。離婚によりひとり親家族となったが，再婚によって両親が揃い，「普通の家族」になったと考える家族モデルである。

　日本の民法では，離婚後，単独親権のため別居親と子どもとの交流が中断され実親子の関係が切れやすい。このことは，離婚後の別居親と子どもの面会交流の実施率の低さからも理解できる。その一方で，継親と継子との養子縁組が，実親の許可なしで成立する（特別養子縁組を除く）。そのため別居親が知らないうちに，元配偶者の再婚相手と実子が，養子縁組をしていたということも起こり得る。離婚後も共同親権の諸外国では，このようなことは生じない。さらに先述のように，日本では，再婚後，継親が親役割をとることが期待され，子どもは実親と継親の三人の親を持つことになり，別居する実親と継親との間で忠誠心をめぐる葛藤がおきやすい。また，祖父母が，離婚してひとり親になった娘・息子の子

ども（孫）の養育をサポートする場合も多く，子どもが祖父母に懐いているほど継親を親として受け入れるのが難しいことがある．

　アメリカでも長い間，再婚により，その前の家族はなかったことにして，初婚家族，普通の家族を目指し新しい家族を築こうとした．そこでは，継父・継母が，父親・母親役割を担った．しかし，普通の家族を目指そうとするほど，問題が生じやすいことがわかった．このような背景から生まれたのが，再婚後も離れて暮らす実親が，親として子どもの養育にかかわり続ける家族モデル，「連鎖・拡張するネットワーク型」（野沢，2008），あるいは「継続家族モデル」（菊地，2005）である．

　ステップファミリーは「混合家族 Blended Family」「拡大家族 Extended Family」とも呼ばれ，離婚と再婚によってカップルの関係は解消されても親子関係は継続するので，子どもは離れて暮らす実父や実母と交流し，継親もパートナーが離れて住む子どもと交流することを受け入れ，以前の結婚での家族関係を維持しながら，現在のステップファミリーを築いていこうとする家族である．離婚後も，子どもの実親である元夫婦が継続して子どもの養育に関わり続ける共同養育は，欧米ではスタンダードである．離婚後の共同養育は近年の日本社会の動向でもあるが，この考えに対応するのが，「連鎖・拡張するネットワーク型家族モデル」「継続家族モデル」である．しかしこの家族モデルを推進していくためには，安定した面会交流を保証する法制度の整備や自治体の支援と社会の理解が必要である．

V　ステップファミリーの現状と支援

1. アメリカのステップファミリーの現状と支援

　アメリカの再婚研究によると，アメリカの結婚率，離婚率，再婚率は減少しており，法律婚のステップファミリーは少なくなる一方で，同棲再婚カップルの出産が増加している．再婚の全体的な傾向は，離婚や別居後，平均 3.8 年で再婚し，白人の方がラテン系や黒人よりも再婚しやすく，再婚に至るまでの期間も短い．また男性の方が女性よりも，高学歴の方が低学歴よりも再婚する傾向にある（Garneau, 2014）．

　ペーパーナウ（Papernow, 2015）によると，初婚家族の新しいカップルは，子どもの誕生前に愛情と信頼を育み，共通の習慣，価値観を築く時間がある．ステップファミリーは，子どもを伴った大人と，その子の親ではない大人がカップルになることで形成されるため，多様な形と五つのチャレンジ（課題）があるという．第一のチャレンジは，ステップカップル間でインサイダー（実親）とアウトサイダー（継親）の立場の違いが大きく，互いに身動きが取れなくなること．第二の

チャレンジは，子どもたちが喪失と忠誠葛藤[註3]，過多な変化と格闘すること。第三のチャレンジは，子育てが実親と継親を対立させること。第四のチャレンジは，新たな家族文化を創造すること，第五のチャレンジは，元配偶者も家族の一部であること，である。この五つのチャレンジに三つのレベルの支援方法で対処する。まずは心理教育[註4]と対人関係スキルの練習，それでもうまくいかないときは個人の心理的治療に移行する。効果的な心理教育のための重要なスキルは，大変さを認めたうえで「それはよくあること」と伝えること（ノーマライズ）であり，例えば第一のチャレンジでは，「ステップファミリーでは，継親がアウトサイダーになることはよくあることです」，第三のチャレンジでは，「（ステップカップルでは）子育ての対立はよく起こることです」という具合である。対人関係スキルでは，相手への理解と共感を高めるワークとして，言いにくいことを優しく伝える「ソフト／ハード／ソフト」のスキルが紹介されている。最初はソフトから始めて，言いにくいハードなことを柔らかいトーンのままで伝えて，そしてまたソフトなことをつけ加えるスキルである。例えば，親が子どもに言葉で伝えるように頼む場面では，「新しい家族になって本当にたくさんの変化がすごいスピードでやってきたと思う（ソフト）。でもあなたは，怒らずに，自分の思いを言葉で伝えることが十分にできるくらい大きく成長していると思うよ（ハード）。私も聞いてあげていないことがある。私もこれから話を聞くように努力をするから（ソフト）」と伝える。個人の心理的治療は，心理教育と対人スキルを学んでもステップファミリーのシステムが変化しないときの介入方法で，焦点を外の現実的な出来事（パートナーや子どもの行動）から，その人の内的世界の探求に変える技法である。若い頃の家族との生活で受けた傷が癒されていない人は，この傷を癒す作業に取り組む必要があるという。まずは基盤づくりのために，クライエントに「そのとき（例えば，継子が挨拶をしないとき），あなたの中で何が起こっていますか？」と問うことから始め，感情に共感し，直面している課題はステップファミリーではよくあると伝えノーマライズするなどのアプローチを用いる。しかし，原家族に由来する古い傷がとても深く，気づきだけでは十分でないときは，トラウマ治療の専門家に紹介したり，カップルセラピーを提案したりする。ペーパーナウはそのほか，レズビアン／ゲイ，アフリカ系，ラテン系，高齢のステップファミリー

[註3] 子どもが父親と母親のどちらかだけに忠誠心をもとうとし，葛藤を抱くこと
[註4] 情緒的，あるいは行動的な困難を抱えた人に対するコミュニケーションなどの技法を活用したサポートであり，そのサポートは困難を抱えた人と支援者が協働し，対象や状況に合わせたプログラムによって行われる。

への対応も紹介している（Papernow, 2015）。

　また，アドラー＝ベーター（F. Adler-Baeder）は，アメリカのステップファミリー研究の成果に基づき 2001 年にステップファミリーの親と子どもへの教育プログラム「スマートステップ」を開発した。これは，カップル向けクラスと子ども・青年向けクラスがあり，同時並行で実施され最後に家族全体でのアクティビティを行う。子ども向けセッションは年齢別で行われ，アクティビティやロールプレイを多く用いる。学校の授業ではないので，子どもはプログラムを楽しみ自由に自分の思いや考えを出して参加できるように作られている。カップル向けのセッションでは，最初に二本の映画を見る。一本は"Stepmom"（邦題「グッドナイト・ムーン」）で，継母が継子（姉と弟）に子犬をあげるが，反応は子どもの年齢（発達段階）によって異なる。もうひとつは"Man of the House"（邦題「チアガール vs テキサスコップ」）で，継父が朝食を作るが，継子の反応から，子どもが慣れ親しんだ朝食ではないとわかる。参加者は，これらの映画からステップファミリーに日常的に起こる出来事を共有する。プログラムは，六つのレッスンから成り立っており，テキスト，ビデオ教材，グループディスカッション，ロールプレイを用いて実施される。

2. 日本におけるステップファミリーの現状と支援

　ステップファミリーは，複雑な家族構造と曖昧な家族境界のために問題を抱えやすいにもかかわらず，ステップファミリーであると周囲に言わない限り，両親と子どもから成り立っているので，すぐにステップファミリーとはわからない。ステップファミリーであることを知られたくない場合があるため問題が表面化しにくく解決が難しい。社会的認知度も低く専門の相談機関がないため，現状では当事者が中心となった任意団体でサポートをしている。例えば SAJ では多様な支援活動を行っているが，そのひとつが SAA の親（継親）と子どもの教育プログラムの日本版（LEAVES ペアレンツ，キッズ）の実践である。それらを参考にすると，ステップファミリーをスタートさせるにあたり親は以下のことに留意することが重要である。

　（1）親に新しいパートナーができたとき　親にとっては新しいパートナーとの出会いやデートは，生活に潤いをもたらす嬉しいことであり，子どもと幸せをわかち合いたいと望むが，子どもの気持ちは複雑で新しいパートナーを受け入れるまでに時間がかかる。子どもは，両親が仲直りして元のように一緒に暮らせると思ったり，一緒に暮らす親との結びつきが強いため親の新しいパートナーに親を取られたように感じるため新しいパートナーに嫉妬心や敵対心を感じたり，親の新しいパートナーと仲良くすることが別居親を裏切ることのように感じられ，罪

悪感や拒否感が生じやすい。再婚するまで、新しいパートナーと子どもが交流する機会を多く持ち、時間をかけて両者の関係性を築くことが大切である。

　(2) **再婚するとき**　親は子どもに、パートナーができて再婚を考えていること、再婚しても子どもの母親（父親）であることに変わりはないこと、再婚しても離れて暮らす親（別居親）に会えること、生活の変化（転居や転校、苗字の変更など）について説明することが大切である。多くの子どもは、戸惑ったり動揺するので、親は、子どもの悲しみや不安、怒りの気持ちを受け止め、子どもの質問には正直に答え、話し合いの時間を十分に持つことが求められる。子どもの思い通りにならないことがあっても、子どもは親が自分の気持ちや意見を聞いてくれた体験から、親に愛され大切にされていることを実感でき、気持ちの安定につながる。子どもがこのような家族の移行期を乗り越えていくには、特別な事情がない限り、別居親と会い心理的に支えてもらうことはとても重要である。

　(3) **ステップファミリーで生じる問題**　「しつけや生活習慣」について、ステップファミリーでは、子どものしつけや生活習慣などをめぐって問題が生じることがよくある。一つひとつは小さなことであっても、それが毎日続くと家族全員が不満を抱え、イライラしたり対立することになる。すぐに解決できる問題は少なく、生活習慣を変えることは容易ではない。今までの子どもの生活パターンを尊重しながら、誰かを犠牲にしたり我慢を強いることなく、時間をかけて新しい家族のルールを作り、新しい家族を築いていくことが求められる。

　「子どもと継親との関係」について、子どもの継母（継父）は、子どものしつけは実親に任せ、実親の子育てのサポート役や相談役に徹し親役割は控え、子どもと時間をかけて関係性を育んだのちに、子どもの親役割を取った方が、継親と子ども双方にとって好ましい。とくに、ひとり親の男性が新しいパートナーと再婚するとき、男性は自分のパートナーに子どもの母親役割を期待し、子どものしつけや身の回りの世話、学校のことをすべて任せてしまうことがある。継母になったパートナーも、「良い母親にならなくてはいけない」という責任感と周囲からの「母親なんだから」というプレッシャーにより追い詰められ、子どもを厳しく叱ってしまうことがある。しかし継母は、母親になってくれることを期待する夫には相談できなかったり、周囲にいる母親たちと継母特有の悩みを分かち合うことが難しいため孤立し自信を失い、子どもをかわいく思えなくなってしまうこともある。女性だからといってすぐに母親になれるわけではなく、余裕をもって子育てに取り組めるように周囲の理解が必要である。

　「実親と子どもの関係」について、実親は、パートナーと実子との間に挟まれ

悩みを抱えることがある。実子のパートナーに対する素直でない態度や反抗的な態度などに対して，パートナーから「今までのしつけができていない」と責められたり，あるいはパートナーを気遣うあまり，子どもに継親への態度を改めるように厳しく注意し，結果として，実親と子ども，子どもと継親，実親とパートナーの関係のすべてが，ストレスに満ちたものになり，実親や継親の厳しいしつけがエスカレートして虐待となり，子どもの問題行動が生じることもある。再婚しても，実親が実子とだけで過ごす時間を持ち，両者の関係を大切にすることが重要である。

VI 開かれた家族に向けて

　子どもは，親の再婚によって継父母や血縁関係のないきょうだいができ，別居親や別居親の祖父母と交流しながら成長していく。ステップファミリーのメリットは，「子どもたちが見て育つ大人の数が多いため，将来どんな大人になりたいかという選択肢の幅が広がる」ことだという（Visher & Visher, 1991）。これは，親の再婚後も子どもと離れて暮らす実親との継続した交流が，子どもの成長にとってプラスであることを示唆している。子どもが，親の離婚，再婚後も実親と交流する権利は，「児童の権利条約」の第9条第3項（親子不分離の原則）に，父母の離婚後に子が父母双方と「人的な関係及び直接の接触を維持すること」は子の利益に適う（子の基本的人権である）」と記されている。日本では，2011年に民法の一部改正が行われ，面会交流や養育費は，子どもの福祉を最優先に考慮し定められるべきことが条文に明示され（民法第766条第1項），離婚届に面会交流と養育費の支払いについて取り決めを記載することが明記された。また，法務省は，2016年10月に「子どもの養育に関する合意書作成の手引きとQ&A」を施行し，子どもの健やかな成長のために親は離婚後の養育費と面会交流について，最も優先して考えなければならないと定めている。このように子どもは，親の離婚後，再婚後も離れて暮らす実親と交流する権利を持っているのである。

　血縁関係からなる両親と子どもが家族の標準といった固定的な家族観や，離婚後，離れて暮らす親は家族ではないという閉鎖的な家族観から，家族の多様性を認め開かれた家族観に転換していく必要がある。それと同時に，多様な価値観を受け入れ，柔軟に対応しながら二つの家を行き来する子どもや，子どもを面会交流に送り出す継親と実親を支える法制度の整備，社会のステップファミリーに対する理解が求められている。

文献

Garneau, C.（2014）. 家族支援のためのステップファミリー国際セミナー 2014 報告書. 明治学院大学社会学部付属研究所．［http://www.aiikunet.jp/meeting/academy/21542.html］

菊地真理（2009）. 再婚後の家族関係. 野々山久也（編）論点ハンドブック家族社会学. pp.277-280, 世界思想社.

菊地真理（2014）. 離婚・再婚とステップファミリー. 長津美代子・小澤千穂子（編）新しい家族関係学. 建帛社.

水谷誉子（2014）. ステップファミリーの子育てにおける母親役割のストレス. 心理臨床学研究, 32（2）, 238-249.

野沢慎司・茨木尚子・早野俊明・SAJ（編）（2016）. Q&A ステップファミリーの基礎知識──子連れ再婚家族と支援者のために. 明石書店, 2006.

野沢慎司（2008）. インターネットは家族に何をもたらすのか. 宮田加久子・野沢慎司（編）オンライン化する日常生活. pp. 79-179, 文化書房博文社.

野沢慎司（2011）. ステップファミリーをめぐる葛藤──潜在する二つの家族モデル. 家族（社会と法）, 27, 89-94.

岡田光世（2000）. アメリカの家族. 岩波新書.

Papernow, P. L.（2013）. *Surviving and Thriving in Stepfamily Relationships: What works and what doesn't*. Routledge.（中村伸一監訳（2015）. ステップファミリーをいかに生き, 育むか. 金剛出版）

BOOK GUIDE

野沢慎司・茨木尚子・早野俊明・SAJ（編）『Q&A ステップファミリーの基礎知識──子連れ再婚家族と支援者のために』明石書店, 2006 年｜ステップファミリーは, どのような家族であり, どのような困難や援助を求めているのかについて, ステップファミリー当事者, あるいはこれからステップファミリーを経験するかもしれない人, ステップファミリーの支援者や研究者, 家族について広く学びたい学生を対象としたステップファミリーの入門書である.

ジョン・ヴィッシャー, エミリー・ヴィッシャー（著）, 春名ひろこ（監修）, 高橋朋子（訳）『ステップファミリー──幸せな再婚家族になるために』WAVE 出版, 2001 年｜全米ステップファミリー支援機関 SAA（Stepfamily Association of America）の創始者によって書かれた著書の訳書である. ステップファミリーが遭遇するあらゆる困難や問題, それらへの解決や対処について詳細に書かれている.

ウェンズデー・マーティン（著）, 伊藤幸代（訳）『継母という存在──真実と偏見のはざまで』北大路書房, 2015 年｜著者および翻訳者ともに継母であり, おとぎ話や文献にみる継母, 子連れ再婚の現実, アメリカにおけるステップファミリーの膨大な研究の紹介があり, ステップファミリー特有の家族のダイナミックスを理解するための良書である.

（おだぎり・のりこ／東京国際大学）

家族の心理／変わる家族の新しいかたち

第Ⅲ部 人間の発達と家族

第Ⅲ部	人間の発達と家族

第5章 子どもの発達と家族

野口康彦 Yasuhiko Noguchi

この章のねらい | 本章では，子どもの心理発達にかかわる理論等を紹介しながら，乳幼児期から思春期に至るまでの子どもの発達について，主として親子関係を軸とした説明を行う。また，子どもの発達に伴う家族の抱える問題として不登校を取り上げ，その現状を整理しつつ，「知的障害・発達障害」「親子間の葛藤」「放任・虐待」という三つの視点から不登校について述べた。また，子どもを持つ家族にとって大きな関心事であり，かつ社会問題でもあるいじめについて，その定義や現状を踏まえつつ，主として先行研究の紹介を中心とした説明を行った。
キーワード | 乳幼児期，学童期，思春期，発達障害，不登校，いじめ

Ⅰ 子どもの心理発達と家族

1. 乳幼児期の子どもの心の発達

　乳児は母親（養育者）からうける世話や保護される体験を通して，この世は安全で自分は守られているという感覚を身につける。例えば空腹や眠気への対応，あるいは汚れたおむつの交換など，乳児の側の欲求を母親が適切に読み取り対処するという母子間の相互作用によって，乳児の発達の基盤が形成される。イギリスの児童精神科医ボウルビィは，子どもの発達の初期における母親と子どもの相互交渉による情緒的な結びつき（絆）を「アタッチメント（愛着）」という用語で説明しようとした（Bowlby, 1969）。ボウルビィは，母親（養育者）との相互作用を通して子どもが自己と外界とのかかわり方や自己に関する心的な表象を構築することを「内的作業モデル」と呼び，それを土台にして他者との交流を図ったり，信頼関係を結ぶ能力が発達していくと考えた。内的作業モデルはアタッチメントの発達を支える心的な表象モデル（坂上, 2005）と考えてよい。内的作業モデ

について遠藤（2005）は、「内的作業モデルを構成し、そのモデルを適宜想起し、活用することによって（たとえ他者に現実に近接しその他者から保護を得られなくても）その時々の危機的状況にうまく対処し、"自らが安全であるという感覚"および心身状態の恒常性を保持することが可能になっていく」と述べている。アタッチメントの形成は、子どもが自信と好奇心をもって、外界への不安を乗り越えて生きていくための足がかりとなるのである。

ハンガリー生まれの精神科医マーラーは、母子の実験観察にもとづき、乳幼児が母親から心理的に自立していく過程を五つの段階にモデル化し、分離－個体化理論として提唱した（Mahler, 1975）。子どもは生後25～36カ月において母親表象が統合され、母親の不在に耐え、母親から離れて他の子どもと遊ぶようになるという。自我の芽生えとともに、2～3歳頃の子どもは、自分は親とは違う独自の存在であることを認識するようになる。その認識が強くなると、それまで親の言うことに素直に従ってきた子どもは自己主張をし始めるようになり、親との対立が起こる。それは、第一次反抗期とも呼ばれる。

このように、子どもの自発性の発揮は、親から離れて自立しようとすることでもある。学童期への移行期である第一次反抗期は、基本的信頼感（Erikson, 1950）を礎としたうえで、どこまで反抗しても親との関係が壊れないかを試す、いわば母親と自分との関係を確認する時期でもある。また、子どもの発達段階から見ると、母親の束縛から自由になるために、親との行動上の分離を図る段階であるとも言えよう。

安全で安定した親（母親）イメージが子どもの心的世界に内在化される過程が乳幼児期の発達である。やがて成長した子どもは、他者との関係がうまくいかな

COLUMUN | 「アタッチメント」と「愛着」

ボウルビィの指摘した「アタッチメント」は、日本語では「愛着」と訳されることが多い。数井（2005）はアタッチメントが近接の確保であり、その機能は保護であるいう意味から、「愛情豊かな関係」というニュアンスを含む日本語の「愛着」とは区別した方がよいと述べている。しかし他者との近接を求める行動には、対象との絆に基づく関係の傾性という意味もあると考え、本章では「アタッチメント」と「愛着」をほぼ同義語として用いることにした。また愛着関係とは、母親かそれに代わる養育者との関係であるが、この両者の意味を含めて「母親」と記述した。なお、数井（2005）については推薦書に示した。

かったとしても，自分で自分を「がんばった」と認められるようになる。そのような「いたわる自己」(井上，2001) が形成されるうえでも，乳幼児期の親子の情緒的な交流は重要である。

2. 学童期の子どもの心の発達

ここでは，子どもが小学校に就学する頃から，小学校高学年にあたる5～6年生くらいの年代を学童期としたい。自発的な遊びを主体とした幼稚園や保育園の活動から，学習を中心とした教師主導の集団生活への生活環境の変化は，子どもや保護者に混乱を生じさせやすい。自らの力で課題に取り組む自主性の発揮が求められるからである。1日の生活時間の大半を小学校で過ごす学童期の子どもは，同年代の仲間と過ごすようになる一方で，他者との比較による挫折や失敗を経験するようになる。小学校3～4年生頃の子どもは，同世代とのつながりが深くなり，集団で行動するようになるが，同時に他の児童生徒からのからかいや，ときに激しいいじめが本格化するようになる。

エリクソンは，児童期（潜在期）の発達課題を「勤勉性対劣等感」としており，親の態度や学校生活を通して勤勉さや倫理観を身につける時期としている (Erikson, 1950)。高橋 (2016) は，学童期の子どもと親との関係を「一心・二体（乳幼児期は一心・一体で，思春期は二心・二体となる）」であると述べ，身体的な行動の自由を獲得していても，心理的な発達（生き方や価値観など）は親と一体であると指摘している。学童期の子どもは自分の親をモデルにして，対人関係のあり方など行動の基準を学び，そして親の言うことに従って生きている。小学生年代が中心である学童期は，母親や父親，そして教師を模範としつつ，従うことを覚える時期であると言えよう。親に叱られる理由を理解し，我慢して良い子になるのが課題であり，内的葛藤のない，いわば安定した（人に従うことに疑問がない）心理発達段階であり，抑圧的な心理態勢が作られるという特徴を有している。

学童期の子どもは，自分の不安や葛藤といった内面の感情を言葉で表現する能力が十分に備わっていない。そのため，子どもの抱える心理的な問題は，子ども自身がそれを意識化したり，言語化することが困難であり，身体症状や行動面で表すことが多くなる。また学童期における学校生活への適応など，心理的な問題を考えるとき，生まれ持った資質といった子ども側の要因のほかに，家族間での葛藤や混乱，親の離婚や虐待問題など，子どもを取り巻く家庭環境を考慮することも重要である。

3. 思春期の子どもの心の発達

思春期の始まりには個人差が見られるが，女子の月経や男子の射精といった

身体の変化が著しくなる第二次性徴の発現の時期、小学校5～6年生くらいから始まると言えるだろう。スイスの心理学者で知能の発達に着目したピアジェによると、抽象的な問題解決や推論を行えるようになるのは、11～12歳頃からの「形式的操作段階」であるという (Piaget, 1964)。思春期年代の子どもは、抽象的・論理的な言葉を自由に操作し、自分の内面や他人との関係、そして自分の死について考えることができる。

中学生になると、勉強やスポーツの結果にも順位がつき、クラスメートとの比較競争が本格化する。さらに、学校での部活動では上級生とかかわる必要が生じることから、横だけではなく縦との関係性に気を配るような生活に否応なく組み込まれる。このような生活環境の変化によって、自分の能力や自己評価、自己イメージや自分独自の価値に向き合うことになり、それが「自分とは何者か」「自分は何がしたいのか」という自己への問いにつながっていく。

その一方で、模範としていた親や教師たちも、実は普通の一人の大人であったのだと「脱価値化」するようになり、今まで抑えてきた親や親以外の大人への批判や怒り、不満が表出され始める。「自分はこうしたい」という自己主張は、「私は私」であるという自己の確立の移行段階に生じる。その一方で、独力で生きることの難しさはわかっているので、思春期の子どもには、自立したいという独立の欲求がある一方で、やはり親に頼らなければ生きていけないという依存があり、独立と依存の間で葛藤が生まれやすい。

高橋 (2016) は思春期を学童期から成人期への移行期と位置づけ、親子の精神的な上下関係から抜け出して、心も親と対等になることであると述べている。親に承認を求める学童期の立ち位置から抜け出し、子どもは親との対立を通して、また親子が互いを尊重しあう（引き分ける）ようになって、互いの立ち位置を認めあうというのが定型的な思春期の発達課題と言えるだろう。このような経過により、子どもは親からの心理的自立を獲得していくのである。

思春期における親からの心理的自立は、子どもが単独で勝手に自立するというものではなく、親をはじめとする周りの人々との相互作用の中で成立する。エリクソンは思春期・青年期の発達課題を「自我同一性」としたが (Erikson, 1950)、思春期は、親から学んだ思考や行動の規範を土台にしながら、その一部を修正し、自分なりの価値観や生き方を作っていく時期である。皆川 (1996) は、現代を生きる思春期の子どもについて、「親に孝、君に忠である限り、思春期などたいした意味を持ち得ない。なぜならば、自分自身で自分の生き方を見つけ出す必要はなかったからである」と述べている。産業構造や生活の変化ともに、現代の思春期

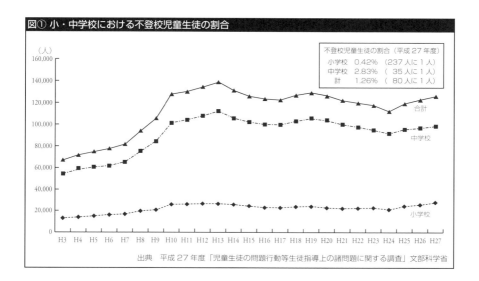

図① 小・中学校における不登校児童生徒の割合

出典 平成27年度「児童生徒の問題行動等生徒指導上の諸問題に関する調査」文部科学省

の子どもは一人前になるまでには相当の努力が必要になったのではないだろうか。

Ⅱ 不登校

1. 不登校をめぐる児童・生徒の現状

　不登校の増加の背景には，学校生活への適応をめぐる個人や家庭の問題といった個別的な事情もあるが，社会的に見れば経済の発展に伴う生活の都市化や核家族化，そして高校や大学の進学率の増加とそれに伴う学歴志向への傾倒など，さまざまな要因が多岐的・複合的に絡み合っていると言えよう。また，インターネットの普及や学校におけるいじめなど，子どもをめぐる生活環境の変化にも目を向ける必要がある。

　文部科学省は不登校を「連続又は断続して年間30日以上欠席し，何らかの心理的，情緒的，身体的，あるいは社会的要因・背景により，児童生徒が登校しないあるいはしたくともできない状況にある者（ただし，「病気」や「経済的理由」による者を除く）をいう」と定義し，定期的に調査を行っている。2015（平成27）年度の小・中学校における不登校児童生徒の割合を図①に示した。小・中学校における不登校児童生徒数は，125,991人（前年度122,897人）であり，不登校児童生徒の割合は1.26％（前年度1.21％）であった。特に中学校における不登校生徒の割合は2.83％であり，この数字を根拠として，「クラスに1人は不登校」と言われる

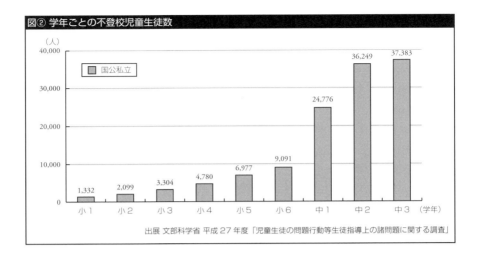

図② 学年ごとの不登校児童生徒数

出展 文部科学省 平成27年度「児童生徒の問題行動等生徒指導上の諸問題に関する調査」

こともある。また，**図②**に学年ごとの不登校生徒児童数を示した。

　園田ら（2002）によると，学校を拒否する子どもたちが文献上に現れたのは，1932年，米国のブロードウィン（I. T. Broadwin）による怠学（truancy）の研究においてである。怠学児の中に，それとは異なった神経症的な傾向のある一群があることが初めて指摘された。その後，ジョンソン（A. M. Johnson）らは1941年に"School Phobia（学校恐怖症）"というタイトルで8事例を紹介しており，子どもが学校に行かないのは，母子の未解決な相互依存性があり，母子の分離不安（separation anxiety）であるという見解を示した。

　藤岡（2005）は，「日本において不登校の問題意識が生まれたのは1950年代からであろう」とし，1960年代には学校恐怖症という言葉が使われ始めたと述べている。そして，1970年代には登校拒否という言葉が一般化し，1980年代からは不登校という用語が使われ始めたと記している。かつての学校恐怖症や登校拒否という用語には，学校に適応できないのは児童生徒の側の問題が大きい印象を受けるが，不登校という概念は，学校に行きたくても行くことができない，また環境が整えば本人が学校に行く可能性があることを示唆している。

　1990年代に入ると，義務教育を中心としたわが国の公教育では，不登校以外にも後述するいじめ，そして校内暴力といった諸問題が増加し，深刻化の様相を呈した。対応策の一つとして，文部省（現・文部科学省）は1995（平成7）年から，「スクールカウンセラー活用調査研究委託事業」をスタートさせ，2001（平成13）年に「スクールカウンセラー等活用事業補助」となり，国の継続的な補助事業と

なった。

　2003（平成15）年に，文部科学省は不登校対策について，それまでの「子どもを見守る」という姿勢から，「ただ待つだけでは改善しない」と積極的に児童生徒へ働きかける方向を打ち出した。「今後の不登校への対応のあり方」では，状況に応じたきめの細かい適切な支援が必要であると述べている。また，児童生徒に働きかけ関わりを持つことの重要性を説くとともに，学校・地域・家庭との密接な連携，学校や教育行政機関と民間施設やNPO等との積極的な連携・協力を提起しており，適応指導教室（教育支援センター）の設置の推進や家庭訪問の機能を充実させるスクーリング・サポート・ネットワーク整備事業も展開されるようになった。民間のフリースクールとの連携や地域的なかかわりを目指すという国の方針の背景には，不登校問題がスクールカウンセラーも含めた学校スタッフでは解決されにくいという現状があった。

　2016（平成28）年9月14日付「不登校児童生徒への支援の在り方について（通知）」で，文部科学省は不登校児童生徒への支援として，①支援の視点，②学校教育の意義・役割，③不登校の理由に応じた働きかけや関わりの重要性，④家庭への支援をあげている。特に，①支援の視点における，「児童生徒によっては，不登校の時期が休養や自分を見つめ直す等の積極的な意味を持つことがある一方で，学業の遅れや進路選択上の不利益や社会的自立へのリスクが存在することに留意する」「児童生徒の才能や能力に応じて，それぞれの可能性を伸ばせるよう，本人の希望を尊重した上で，場合によっては，教育支援センターや不登校特例校，ICTを活用した学習支援，フリースクール，夜間中学での受入れなど，さまざまな関係機関等を活用し社会的自立への支援を行う」という不登校児童生徒の意向を尊重するような支援のあり方は，これまでに見られなかった視点であると言えよう。

2. 不登校児童生徒の心理的背景

　「平成27年度児童生徒の問題行動等生徒指導上の諸問題に関する調査」では，不登校児童生徒の本人にかかわる要因として，「家庭や友人関係などの不安・情緒的混乱」「学業の不振など無気力の傾向」「あそび・非行の傾向」というタイプに分けている。これらは不登校児童生徒の行動面に着目した分類の方法であるが，子どもの側の心理発達や家族との関係性など，不登校児童生徒の心理的背景を理解するうえではわかりづらい。

　かしまと神田橋（2006）は，スクールカウンセリングの100の事例分析を九つのジャンルにわけて行っており，その中に「（子どもの側の）障害」「家族の要因」

という項目を設定している。不登校とは学校への不適応状態でもあるので，子どもの側の資質とともに，家族の要因についても目を向けるべきであろう。以上の点を参考にしながら，ここでは，不登校児童生徒の抱える心理的な背景について，「知的障害・発達障害」「親子間の葛藤」「放任・虐待」という三つの視点による分類を試みた。

(1) 知的障害・発達障害がある場合

学校生活における適応の困難さを検討する際には，発達水準に相応のコミュニケーション（言語の理解力や感情の表現力）やふるまい（年齢に比して行動が幼い，共感性が低いなど），あるいは思春期であれば自我同一性の獲得に伴う心理的葛藤があるかどうかを見極めることが重要である。明らかな被虐待児でなければ，知的あるいは発達的なハンディキャップを持つ児童生徒である可能性がある。知的障害・発達障害は，出生の前後を含めた発達期にさまざまな原因が作用して，中枢神経系に障害が生じた結果，認知，言語，社会性および運動の機能の獲得が障害された状態（太田，2006）と定義される。

今本（2009）は，知的水準に困難を抱える子どもは，進級とともに勉強についていけなくなり，友達とも関心や趣味が合わなくなり，学校に楽しみを見つけられず，やがて学校に行くことへの関心が低くなると述べている。学習能力は学校生活への適応のポイントの一つになるので，小学校中学年以上では学校の成績が児童生徒の知的な水準を把握する目安となるだろう。

知的なハンディキャップのもう一つの基準が「境界知能」である。杉山（2007，2009）は境界知能をIQ70〜84とし，知的なハンディキャップが気づかれにくい

COLUMUN ｜ 知的障害と知能

IQ（Intelligence Quotient）は知能検査によって測定され，中央値100で同年齢集団内での位置を表現したものである。知的障害とは「知的機能の発達に明らかな遅れがあり，適応行動の困難性を伴う状態」（就学指導資料，平成14年，文部科学省）とされている。末光（2009）は，精神遅滞（知的障害）の重症度を，軽度（IQ70〜50），中度（IQ49〜35），重度（IQ34〜20），さらに最重度（IQ20未満）と分類している。また，それぞれの発達上限の精神年齢は，軽度でほぼ12歳，中度で9歳，重度で6歳，最重度で3歳としているが，むろん個人差があり一つの目安である。1999（平成11）年4月に「精神薄弱者福祉法」から「知的障害者福祉法」へと法律用語の名称変更がされている。

ため，学業成績の不良による不登校が出現しやすく，国語力の不足が内省力の不足に直結し，悩みを保持できずに非行に走りやすい傾向があると述べている。また勉強や運動を頑張っていても思った以上に評価を受けない場合，怒りだすか放棄してしまう子どももいる。さらに，保護者の放任や教育への無関心など，発達にネガティブな影響を及ぼす家庭環境に置かれると，子どもは悩みを自分の心のなかに抱えこむのが難しくなり，安易に反社会的な行動を起こしてしまう。学校に行かないことへの罪悪感も生じにくく，自宅ではインターネットやゲーム，あるいは友人同士と連れ立って遊ぶなど，自分の好きなことをして過ごすことが多い。境界知能の子どもに限らないが，保護者の養育態度は子どもの発達にとって重要な要素である。

発達障害（DSM-5 では神経発達症群／神経発達障害群）の代表的な一群である自閉症について，世界で初めて報告したのは，アメリカの児童精神科医レオ・カナー（Leo Kanner）である。その後ローナ・ウィング（Lorna Wing）は自閉症を自閉性の連続体（自閉症スペクトラム Autistic Spectrum）とする説を提唱した。ウィングは自閉性障害の三つ組として，「社会的相互交渉の障害」「コミュニケーションと想像力の障害」，その結果としての「反復的行動パターン」をあげている（Wing 1996）。

発達障害をもつ子どもは，共感性が乏しいなどにより他者との情緒的な交流やコミュニケーションが不得手で，情報の受け取り方に偏りがあり，それがクラス集団を単位とする学校生活を送る上で対人関係上の難しさを生じさせる要因になりやすい。例えばクラスメートとのつき合いがうまくいかなくなり，学習や行動面について教師から叱責を受けるようになると，クラス内で孤立し，不登校につながりやすい。また，田中（2007）は，発達障害のある子どもと親の愛着関係の困難さについて，特に注意欠如・多動症（AD/HD）の子どもの注意力の問題が親との愛着関係に支障を生じさせると述べている。保護者だけではなく，教師など学校関係者が発達的に障害を持つ子どもの行動上の特性に気づくことも不登校を未然に防止するうえでは重要であろう。

むろん，知的障害や発達障害の診断を医療機関からすでに受けていたり，あるいはその傾向があったとしても，学習にまじめに取り組み，生活態度も比較的おとなしい子どもの場合は，対人関係のトラブルは少なく，学校集団から受け入れられやすいのは言うまでもない。

(2) 親子間の葛藤がある場合

高橋（2016）は親機能について，「子どもを甘えさせて（子どもの心を親が読み解いて何かをする）人への安心と信頼を教えること」（母親的）と「子どもをしつけて，

頑張っていきていく方法を教えること」（父親的）があると述べている。このような親機能が十分に発揮されない状況にあると，子どもは自らの心理発達につまずきを抱えることが多くなる。親子間に心理的な葛藤を抱えているタイプの不登校児童生徒の心理的背景について，不登校生徒が増加する思春期の親子関係のあり方を中心に説明を行う。

　子どもが思春期を迎えると，思春期の自我の目覚めとともに学童期の抑圧態勢が壊れ，「親の期待には応えられない」と葛藤を体験し始める。これが親子関係を揺り動かし，親子間葛藤として展開されていくのが思春期問題と呼ばれるものである。思春期は，子どもが親の生き方から学んだ倫理観や行動基準を修正し，その一部を内在化する段階であるが，親の生き方の矛盾や歪みが大きいと，子どもはそれを取り入れることに無理を感じて親子間葛藤は激しくなる。子どもは何らかの行動化（非社会的あるいは反社会的行動）を通して親の生き方を批判する。そのとき親が子どもの葛藤の意味を理解できれば，子どもの心理発達は促進される。

　それでは，なぜ親との関係について子どもは葛藤するのだろうか。高橋（2012）

COLUMUN ｜ 発達障害の名称変更

　米国精神医学会が改訂した精神疾患の診断手引「精神疾患の診断と統計マニュアル」（DSM-5）にもとづき，心の病の名称や用語について，日本精神神経学会が新しい指針を作り，2014年5月28日に公表した（「読売新聞朝刊」2014年5月29日付）。小児期に症状が見られるものは，「障害」ではなく「症」という用語を用いている。発達障害（DSM-5では神経発達症群／神経発達障害群）に関する名称の変更点としては以下のとおりである。

　　　精神遅滞（IQ70以下）　→　知的能力障害群
　　　アスペルガー症候群，　　→　自閉スペクトラム症（ASD）
　　　広汎性発達障害など　　　　（／自閉症スペクトラム障害）
　　　学習障害（LD）　　　　→　限局性学習症（SLD）
　　　　　　　　　　　　　　　　（／限局性学習障害）
　　　注意欠陥多動性障害　　　→　注意欠如・多動症（AD/HD）
　　　（AD/HD）　　　　　　　　（／注意欠如・多動性障害）

　ただし，2005年4月1日施行された「発達障害者支援法」（平成28年6月3日改正版）では発達障害を，「自閉症，アスペルガー症候群その他の広汎性発達障害，学習障害，注意欠陥多動性障害その他これに類する脳機能の障害であってその症状が通常低年齢において発現するものとして政令で定めるもの」としている。

は，反抗期の子どもの行動化は「親が教えた心の矛盾」に比例すると述べている。親の辛い生き方を子どもが継いでいると，子は親から自立することが難しくなり，不登校や摂食障害，家庭内暴力といった「心の病」を引き起こして親の生き方に修正を迫る。高橋のいう「親が教えた心の矛盾」について，親の側の心理発達から考えてみたい。

　親の側の心理発達が未熟な場合｜この章の冒頭で述べたように，母子相互関係を基盤に養育者としての親機能の発現がなされることにより，子どもの心理発達は促進される。しかし，（多くの場合）母親が養育者としての自覚に乏しく，反抗期の子どもの心理の読み込みができないなど，親機能が未熟なことがある。不登校児童生徒の親について，鍋田（1999）は，「自発性・自主性が育っていないタイプ」の母親の中に，干渉・支配的なタイプがいると述べている。友人関係を首尾よくこなすなど，思春期に子どもはほどよく自己主張することが必要となる。しかし親が子どもの心の発達の読み込みができず，思春期においても過干渉である場合，親のいうことをきき続けることに専心してきた子どもは混乱する。だが，親から与えられた生き方を拒否できず，自分で判断し行動する選択ができないと，子どもは学校という生活環境になじめなくなり，やがて学校を休み始めることになる。

　親が緊張感を伴った子育てをしている場合｜親子関係再構築の支援の実践から，宮口・河合（2015）は，困難な状況にある親は養育モデルの欠如や不適切な養育モデル，被虐待歴など，自らの育ちの影響を強く受けていることがあることを指摘した。特に，自身の親との情緒的な交流を持てず，親に甘える経験もなく我慢を強いられてきた母親の子育ては，緊張感を伴ったものとなりやすい。親の方にはその自覚がないため，反抗期の子どもは母親の怒りの表出への恐れが強く，親に反抗しきれない状態となる。つまり，母親との気持ちのつながりに，子どもの方も緊張感を抱えているといってもよい。親の辛い生き方を子どもが継いでしまうと，子どもは親から自立することが難しくなり，親との情緒的な交流や関係の持ち方にエネルギーを消費してしまい，学校に足が向かなくなってしまう。親が自らの親との関係や生き方を振り返りながら，その緊張と我慢を解いて，親子の緊張関係がほどけていけば，このタイプの不登校は自ずと解消されることが多くなる。

(3) 子どもが被虐待者である場合

　被虐待児・者の心理の詳細は第8章で詳述されているが，ここでは，虐待を受けている子どもの不登校について，若干の説明を行う。「児童虐待の防止等に関

する法律」に記載されている児童虐待は親の側の行為で分類されているが，子の情緒的欲求に養育者が応えない状況が長期に続く点は共通している。

　心理的虐待やネグレクトが生じる状況にはどのような事情があるのだろうか。イワニエクは，母子間の相互交流が成立せず情緒的ネグレクトが生じる背景について，「親の不注意」「無知」「憂うつな気分」「無秩序な生活態度」「貧困」「支援のモデルがない」ことをあげており，親の養育能力の欠如についても言及している（Iwaniec, 2003）。世話がなされず子どもが放任された家庭環境では不登校が生じやすい。

　野口と野口（2015）は，情緒的ネグレクトを受けて育った中学生男子生徒の事例を検討し，通常の子どもとの発達の質的な差異について述べている。その男子生徒は，周囲の大人に虐待について訴えたり助けを求めたりすることはなく，し

COLUMUN｜ひきこもり

　不登校がきっかけとなり，ひきこもってしまうケースもある。2016（平成28）年に内閣府は，「ひきこもり」実態調査の結果を盛り込んだ『若者の生活に関する調査報告書』を発表した。調査は無作為で15歳以上39歳以下の男女と家族を対象としており，「ひきこもり」群は全国で推計約54万1,000人であった。現在の状態になった年齢では，15〜24歳が65％を超えることから，思春期から青年期にかけて，ひきこもりになりやすい傾向がうかがえる。ひきこもりの理由については，「不登校」「職場になじめなかった」などがあった。ひきこもり期間は7年以上が34.7％で最多となり，高年齢ほどひきこもりが長期化している。2010（平成22）年の前回調査の推計69万6,000人に比べて15万5,000人ほど減少していたというが，前回の調査対象となった一群が40歳を超え対象を外れており，ひきこもりの実態数は把握しにくい。

　なお，「ひきこもりとは，さまざまな要因の結果として，社会的参加（義務教育を含む就学，非常勤職を含む就労，家庭外での交遊など）を回避し，原則的には6カ月以上にわたって概ね家庭にとどまり続けている状態（他者と関わらない形での外出をしている場合も含む）」と定義されている（平成25年厚生労働省ひきこもり関連施策）。ひきこもりは病名ではなく，単一の疾患ではない。精神疾患や発達障害といった生物学的要因，親子関係の葛藤など心理的要因，そして非正規雇用が生み出す社会的要因などがさまざまに絡み合って「ひきこもり」という状態を生んでいる。家族や当事者に対する支援については，斎藤（2014）を参照されたい。

ばしばその対人関係の希薄さや現実感覚の乏しさから発達障害を疑われることもあった。このような場合，教員など周囲の大人は，不登校の原因は本人の特性にあると理解してしまい，必要な支援が行われない可能性が高まる。また本人を取り巻く関係者が自分自身の体験から被虐待児の状況を理解しようとし，特異であるその親子関係を捉え損ねてしまう場合もある。虐待問題が関係する不登校については被虐待児（者）と親との関係について，的確な理解と評価が求められる。

3. まとめにかえて——不登校と現代社会

かしま・神田橋（2006）は，「子どもに環境からのプレッシャーがかかったとき，その子なりにさまざまな思いが内側で渦をまく。そして引きこもりやふてくされなどの行為表現は，それらの内なる思いへの自主的な対処法であるとみなす方が良い」と述べている。

競争の激化した社会に生きる子どもたちにとって，学校は自分のエネルギーを消耗する場になりやすい。親からの承認や情緒的な交流は，彼らのエネルギーの補給源の大部分であろうが，それらをうまく得られないと，子どもは自らの身体で苦しみを表現することもある。不登校になってしまった子どもの心の苦しみの表現は，自分の親との関係に帰着するものもあろうが，現代社会の生きづらさを示すメッセージも含まれているのかもしれない。

III いじめ

1. いじめの定義とその変遷

2013（平成25）年に成立・施行された「いじめ防止対策推進法」において，「いじめ」は「児童生徒に対して，当該児童生徒が在籍する学校に在籍している等当該児童生徒と一定の人的関係にある他の児童生徒が行う心理的又は物理的な影響を与える行為（インターネットを通じて行われるものを含む）であって，当該行為の対象となった児童生徒が心身の苦痛を感じているもの」と定義されている。前年である2012年に報道された大津のいじめ自殺報道により，いじめ問題とその対応をめぐる是非は社会でも関心を集めるところとなった。

わが国でいじめが社会的に問題となり，大きく注目され始めたのは1980年代半ば頃からである。その発端となったのは，1986年に東京都中野区の富士見中学校で起こった2年生の男子生徒のいじめを苦にした自殺であった（朝日新聞社会部，1986）。「このままじゃ生き地獄になっちゃうよ」という言葉を残してその男子生徒は自殺したが，いじめの渦中には担任教師らも参加した葬式ごっこも行

われたという。その後も、いじめによって自殺に追い込まれた子どもと、その子どもたちが残した遺書がテレビや新聞などのマス・メディアによって大々的に報道されたことで、大人たちが学校の中で起こっているいじめの深刻さに気づくようになった。滝川（2013）は、1980年代の終わりから90年代のいじめの特徴として、「特定の中心人物（いじめっこ）が主導しているというよりも、子ども集団自体がおのずと生み出す半無意識的な集団心理」によるいじめの発生について指摘しており、そのため「いじめ－いじめられる」関係が流動的になっていると述べている。「いじめ－いじめられる」という関係の流動性については、現代におけるいじめの構造とも共通点があるように思われる。

文部科学省の平成27年度「児童生徒の問題行動等生徒指導上の諸問題に関する調査」によると、2015（平成27）年度のいじめの認知件数は、小学校151,692件（前年度122,734件）、中学校59,502件（前年度52,971件）、高等学校12,664件（前年度11,404件）、特別支援学校1,274件（前年度963件）であった。また、いじめの発見のきっかけは、「アンケート調査など学校の取り組みにより発見」が51.5％（前年度50.9％）で最も多く、「本人からの訴え」は17.2％（前年度17.3％）であった。都道府県によって調査結果に大きなばらつきがあり、学校でいじめが起こったとしても報告するか否かは学校側の判断になるので、実際に起こっているいじめの実態と報告されてくる認知件数には齟齬が生じる。一般的にいじめ問題は隠蔽されやすい性質があることも念頭におく必要があるだろう。

2. いじめの構造

マス・メディアなどによっていじめが社会問題化されてから30年以上が経過するが、効果的ないじめ対策が講じられないまま現在に至っている。果たして、いじめはどのような状況で生じているのだろうか。

内藤（2009）は、いじめの構造とシステムに関する分析を試み、暴力による他者のコントロールから得られるいじめ加害者の全能感を指摘している。内藤によれば、いじめ加害者の根底にはいらだちやむかつきといった不全感があり、そのような不全感を抱えた者同士が群れになると、弱い存在への暴力による支配が始まる。いじめの加害者にとって自分よりも力の劣る他者を屈服させることは、自己の優位性を確認し、内面に抱える劣等感や疎外感から逃避する手段なのである。

森田（2010）はいじめの構造について、「被害者－加害者」という二者間の外側に、いじめを積極的に是認する「観衆」、そして観衆の外側にいじめを暗黙的に支持することになる「傍観者」という四層構造モデルを提示した。観衆とはいじめをはやし立てて面白がっている子どもたちであり、傍観者とは見て見ぬふりを

する子どもたちである。森田は、いじめは、いじめる側／いじめられる側の二者関係にとどまらず、その持続と拡大はこの「観衆」や「傍観者」を含む「いじめ集団」が相互に影響しあい、維持される構造であることを示した。

　滝川（2013）は、子どもの集団のなかで「スクールカースト」と呼ばれる階層（階級）性が登場したことに注目している。このスクールカーストにおける上位の子どもの下位の子どもへの「いじり」が「いじめ」化しやすく、それが現代のいじめの一典型を作り出しているという。大人たちがバラエティ番組で「いじり」と「いじめ」の境界線上に笑いをとるがごとくなのであろう。子どもが自らの社会化の途上において大人の行動を取り入れるのならば、大人としてのふるまいが子どものいじめの関係に投映されているとも言える。

　現代におけるいじめの様態は、子ども同士の悪口や意地悪、仲間外れや身体への暴力といった直接的な関与だけではない。パソコンやスマートフォンといったインターネット環境の普及に伴い、インターネットを使って相手の誹謗・中傷を行うことも可能になった。このようなネット上のいじめには、いじめる側を特定することが困難であり、かつ集中的にある特定の子どもに誹謗・中傷が絶え間なく行われ、さらに被害が長期的で深刻であるという特徴がある。小野と斎藤（2008）は、このようないじめをサイバー型いじめとして、その現状と対策について検討している。

3. いじめへの対策

　いじめについて、荻上と須永（2014）は、「予防」「早期発見」「検証・調査計画」というサイクルを意識する必要があると述べ、児童生徒を加害行為へと向ける要因になりやすい「ストレッサー」をコントロールする重要性について説いている。この指摘にみるように、ストレッサーが生じにくい学校生活のあり方について、児童生徒や教師も含めた学校全体で対策を考えていく必要があるだろう。また、担任や学年主任といった教師だけでなく、管理職、養護教諭、スクールカウンセラー、そして保護者が、いじめを防止するチームとして機能するならば、いじめの予防を効果的に行えるだろう。

　いじめの加害行為を行った児童生徒への措置については、教育的な配慮の必要性から対応は難しい。森口（2007）は、被害者の保護の観点から、明らかないじめがあった場合に、いじめた側の子どもの出席について教育委員会に出席停止を申請する、出席停止に合意しないときは加害者の授業を別室にて行うなどの意見を提示している。いじめの事実をめぐる加害者の親と学校側との意見の齟齬等もあり、このような処置を実行することは現実的には困難であろう。しかしなが

ら，深刻ないじめは心的外傷体験となる．教師を含む周囲の大人がいじめ体験を理解することを前提に，当事者に対してどのような態度で臨むのか，大きな課題となっている．

文 献

American Psychiatric Association (2013). *Diagnostic & Statistical Manual of Mental Disorders, 5th ed.* (*DSM-5*). American Psychiatric Association.（日本精神神経学会日本語版用語（監修），髙橋三郎・大野裕（監訳）(2014). DSM-5―精神疾患の分類と診断の手引．医学書院．

朝日新聞社会部（1986）．葬式ごっこ．東京出版．

Bowlby, J. (1969). *Attachment and Loss vol. 1: Attachment.* Hogarth Press.（黒田実郎・大羽蓁・岡田洋子・黒田聖一（訳）(1991). 母子関係の理論（1）愛着行動．岩崎学術出版）

遠藤利彦（2005）．アタッチメント理論の基本的枠組み．数井みゆき・遠藤利彦（編著）アタッチメント―生涯にわたる絆．ミネルヴァ書房．

Erikson, E. H. (1950). *Childhood and Society.* W. W. Norton & Company.（仁科弥生（訳）(1977). 幼児期と社会Ⅰ・Ⅱ．みすず書房．

藤岡孝志（2005）．不登校臨床の心理学．誠信書房．

今本利一（2009）．不登校をめぐって．杉山登志郎（編著）．講座子どもの診療科．講談社．

井上信子（2001）．対話の技．新曜社．

伊藤順一郎，他（2003）．10代・20代を中心とした社会的ひきこもりをめぐる地域精神保健活動のガイドライン．厚生労働省．

Iwaniec, D. (1995). *The Emotionally Abused and Neglected Child.* Willey.（桐野由美子（監訳）麻生久実訳（2003）．情緒的虐待／ネグレクトを受けた子ども．明石書店）

かしまえりこ・神田橋條治（2006）．スクールカウンセリングモデル100例．創元社．

近藤直司（2008）．青年期ひきこもり問題の現状―最近の精神医学的知見と主な論点について．精神科，12（6），453-457.

厚生労働省（2015）平成25年厚生労働省ひきこもり関連施策．[www.mhlw.go.jp/bunya/seikatsuhogo/dl/hikikomori01.pdf]

厚生労働省雇用均等・児童家庭局総務課（2013）．子ども虐待対応の手引の改正について（平成25年8月）[http://www.mhlw.go.jp/seisakunitsuite/bunya/kodomo/kodomo_kosodate/dv/130823-01.html]

Mahler, S. M., Pine, F., Bergman, A. (1975). *The Psychological Birth of the Human Infant.* Basics Books. 高橋雅士・織田正美・浜畑紀（訳）(1981). 乳幼児の心理的誕生．黎明書房．

皆川邦直（1996）．思春期の子どもの発達と父親の役割．子ども家庭福祉情報，12, 31-34.

宮口智恵・河合克子（2015）．虐待する親への支援と家族再統合．明石書店．

文部科学省（2016）．不登校児童生徒への支援の在り方について（通知）．

文部科学省（2016）．平成27年度児童生徒の問題行動等生徒指導上の諸問題に関する調査．

森口朗（2007）．いじめの構造．新潮新書．

森田洋司（2010）．いじめとは何か―教育の問題，社会の問題．中公新書．

鍋田恭孝（1999）．不登校児の援助．鍋田恭孝（編著）心理療法のできることできないこと．日本評論社．

内閣府政策統括官（共生社会政策担当）（2016）．若者の生活に関する調査報告書（平成28年9月）．［http://www8.cao.go.jp/youth/kenkyu/hikikomori/h27/pdf-index.html］

内藤朝雄（2009）．いじめの構造―なぜ人が怪物になるのか．講談社現代新書．

日本経済新聞（2016）．引きこもり54万人（日経新聞電子版，2016年9月8日）．［www.nikkei.com/.../DGXLZO07000830Y6A900C1CR8000/］

野口康彦・野口洋一（2016）．被虐待者の心理的機序―愛着関係の視点から．茨城大学人文学部紀要・人文コミュニケーション学科論集，21, 37-55.

野口康彦・櫻井しのぶ（2012）．子どもの心と臨床発達．学陽書房．

荻上チキ・須永祐慈（2014）．いじめにあっている／友だちがいじめられている．こころの科学，151, 27-32.

小野淳・斎藤富由起（2008）．「サイバー型いじめ」（Cyber Bullying）の理解と対応に関する教育心理学的展望．千里金蘭大学紀要，5, 35-47.

太田昌孝（2006）．発達障害とは何か．太田昌孝（編）発達障害児の心と行動．放送大学出版協会．

Piaget, J.（1964）. *Six études de psychologie.*（滝沢武久（訳）（1968）．思考の心理学―発達心理学の6研究．みすず書房．

斎藤環（1998）．社会的ひきこもり―終わらない思春期．PHP新書．

斎藤環（2014）．「ひきこもり」救出マニュアル―実践編．ちくま文庫．

坂上裕子（2005）．アタッチメントの発達を支える内的作業モデル．数井みゆき・遠藤利彦（編著）アタッチメント―生涯にわたる絆（pp. 32-48）．ミネルヴァ書房．

園田順一・橋本潔人・石橋知佳（2008）．不登校支援の現代的課題―行動科学の立場から．吉備国際大学臨床心理相談研究所紀要，5, 1-22.

末光茂（2009）．精神遅滞．日本精神保健福祉士養成校協会（編）新・精神保健福祉士養成講座―精神医学．

杉山登志郎（2007）．発達障害の子どもたち．講談社現代新書．

杉山登志郎（2009）．発達障害の理解と対応．杉山登志郎（編著）講座子どもの診療科．講談社．

髙橋和己（2016）．母と子という病．ちくま文庫．

滝川一廣（2013）．いじめをどうとらえ直すか．こころの科学，170, 16-22.

田中康雄（2007）．発達障害のある子どもと愛着．こころの科学，134, 79-84.

Wing, L.（1996）. *The autistic spectrum: A guide for parents and professionals.* Constable.（久保紘章・佐々木正美・清水康夫（監訳）．（1998）．自閉症スペクトル―親と専門家のためのガイドブック．東京書籍．

BOOK GUIDE

数井みゆき・遠藤利彦（編著）『アタッチメント――生涯にわたる絆』 ミネルヴァ書房，2005年｜アタッチメントの定義や内的作業モデルの機能，そしてアタッチメントタイプの理論的展開など，アタッチメントに関する理論を網羅した1冊である。

かしまえりこ・神田橋健治（著）『スクールカウンセリングモデル100例』創元社，2006年｜著者の経験例にもとづいた，学校カウンセリング現場のための援助技術が詳述されている。100例のモデルを九つのジャンルに分け，概説とモデル事例の解説，そして共著者である神田橋修治氏のコメントという構成になっている。神田橋氏のコメントを精読したうえで，モデル事例を再読するという読み方をしても良いだろう。

森田洋司『いじめとは何か――教育の問題，社会の問題』中公新書，2010年｜被害者，加害者双方に着目しながら，日本と欧米におけるいじめの捉え方の比較検討を踏まえたうえで，人間社会に遍在する現象としてのいじめが考察される。教育の問題，そして社会の問題としていじめの性質を考えるうえで，適切な案内書と言えるだろう。

（のぐち・やすひこ／茨城大学）

第Ⅲ部　人間の発達と家族

第6章 中年期・老年期の家族

井村たかね Takane Imura

この章のねらい | 中年期は40歳前後から70歳前後までの長い期間であるが，これは人生の中心となる時期である。この時期には多くのイベントと豊かな成果の一方，難題や家族問題に遭遇する。そのような難関を夫婦が協力して乗り越え老年期に到達する。本章では現代のサクセスフルエイジングの問題も，家族臨床心理学の視点から検討する。

キーワード | 熟年の課題，家族紛争，サクセスフルエイジング

I 個人のライフサイクルと家族のライフサイクル

1. 個人のライフサイクルにおける中年期・老年期

　個体の一生をいくつかの過程に分ける考え方をライフサイクルと呼ぶ。レビンソンによれば，中年期とは，成人期の区分の後半，40歳前後から65歳前後までの時期に位置づけられる。レビンソンはライフサイクルを，誕生から25年ごとに区切られる四つの発達段階として，ある段階から次の段階に移行する間に約5年の過渡期があると考えている（Levinson, 1985）。すなわち，40歳から45歳は中年期であるが人生半ばの過渡期と捉えられる。一つの発達段階から次の段階への移行は単純ではなく，その人の生活構造を根本的に変える必要があるので，それぞれの人に特有の時間が必要になる。

　寺田は「熟年」という概念で，この時期の問題について述べている。熟年とは「多くの事柄を体験・経験し，知識・技能を身につけている年代」であり，年齢として概ね「40歳～70歳の成人」を指す（寺田，2006）。つまり，物理的な年齢とは異なったそれぞれの個人が持つ時間軸の中で，これらのプロセスが進行していると捉えることが現実的である。

表① 個人と家族のライフサイクルと発達課題

個人のライフサイクルと発達課題				家族のライフサイクルと家族システムの発達課題
今津 2008	Erickson 1963/1997	Levinson 1978/1996	Super 1980	McGoldrick, Carter & Garcia-Preto 2011
乳幼児期	1. 乳児期 基本的信頼 vs 不信		成長期 空想期	
乳幼児期	2. 幼児期初期 自律性 vs 恥・疑惑			
児童期	3. 遊戯期 自律性 vs 罪悪感		興味期	
児童期	4. 学童期 勤勉性 vs 劣等感		探索期 暫定期	
青年前期 思春期	5. 青年期 同一性確立 vs 拡散	1. 成人前期への移行期 自律性の発達	移行期	
ヤングアダルト 青年後期	6. 成人前期 親密性 vs 孤立	2. 暫定的成人期 親密さと職業的同一化	確立期 試行期／安定期	I. 家庭からの出立：自己の情緒的・経済的責任受容 a. 源家族からの自己分化 b. 親密な仲間関係の発達 c. 経済的・職業的自己確立 d. コミュニティと社会での自己確立 e. スピリチュアリティ？
成人前期	7. 成人期 世代性 vs 沈滞	3. 30代への移行期 生活構造の改善・是正		II. 結婚／結合による家族形成：新システムへの関与 a. パートナー・システムの形成 b. 新たなパートナーを包含するために拡大家族，友人，コミュニティ，社会システムとの関係の再編成
成人後期中年期		4. 定着 関係の深化 長期目標の追求	維持期	III. 幼い子どものいる家族：システムの新メンバー受容 a. 子どもを包含するカップル・システムの編成 b. 子育て，家計，家事の協働 c. 親と祖父母の子育て役割を含む拡大家族との関係の再構築 d. 新たな家族構造と関係を包含するためにコミュニティと社会システムとの関係の再編成
成人後期中年期		5. 人生半ばの変わり目 抱負と状況との調和		IV. 青年のいる家族：子どもの自立と祖父母のもろさを許容する家族境界の柔軟性 a. システムの出入りを青年に許容する親／子関係への移行 b. 中年期カップル関係とキャリア問題への再焦点化 c. 老年世代のケア d. 新たな関係パターンの形成に移行していく青年と親を包含するためにコミュニティ，社会システムとの関係の再編成

今津 2008	個人のライフサイクルと発達課題			家族のライフサイクルと家族システムの発達課題
	Erickson 1963/1997	Levinson 1978/1996	Super 1980	McGoldrick, Carter & Garcia-Preto 2011
向老期	7. 成人期 世代性 vs 沈滞	6. 再安定化 優先事項の再設定・再整理	維持期	V. 子どもの出立と中年期の継続：システムへの多くの出入りの受容 a. 二人カップル・システムの再編成 b. 両親と成人した子どもの大人同士の関係の発達 c. 血縁や孫を含む関係の再構成 d. 家族関係の新たな構造と布置を包含するためにコミュニティと社会システムとの関係の再編成 e. 育児責任からの解放による新たな関心／キャリアの探索 f. 両親（祖父母）のケア，障害，死への対応
高齢前期	8. 老年期 統合 vs 絶望	7. 老年期 老い・病気・死への取り組み	解放期 減衰期	VI. 中年後期の家族：世代役割移行の受容 a. 身体の衰えに直面し，自分自身と／あるいはカップルの機能と関心の維持—新たな家族役割，社会的役割の選択肢の探索 b. 中年世代のより中心的役割取得の支持 c. この段階の家族関係パターンの変化をコミュニティと社会システムが受けとめられるようシステムを再編成 d. システム内に長老の知恵と経験を包含する場の形成 e. 老年世代へ過剰機能しない支持
高齢後期	9. 老年的超越 前進 vs 諦め			VII. 人生の終末を迎える家族：限界と死の現実の受容と人生の一つのサイクルの完結 a. 配偶者，子ども，仲間の喪失への対応 b. 死と継承への準備 c. 中年と老年世代間の養護における予備的役割の調整 d. 変化するライフサイクルの関係を受けとめるようコミュニティと社会システムとの関係の再編成

出典：McGoldrick, M. et al.（2011）作成，平木典子訳（伊藤直文編（2015）．心理臨床講義．金剛出版，pp.62-63）

2. 家族のライフサイクルと中年期・老年期

家族とは，青年期の若者が配偶者選択をし，婚約から結婚に至る段階で発生する。それは，自分が育った原家族から自立し，青年自身の生殖家族を形成する過程である。しかし，昨今はライフコースの選択とも言われ，結婚を選ばない若者もいる。また，入籍せずに同棲を続けるカップルも相互の信頼関係があれば結婚と同等と考える国もあり，同性同士のカップルという場合もある。

中年期は，**表①**にあるように，夫婦が子どもを産み育てる時期であり，その

子どもが青年期に至ると親世代に反抗しつつ自立を目指す時期でもある。夫婦は、この時期には父性・母性をより進化させ、息子・娘の成長を見守り促す必要がある。

老年期は、子どもが自立し親と別に住み、親の世代が再び夫婦として向き合うことになる時期で、これまでの夫婦関係の在り方を再体制化する時期である。

Ⅱ 中年期と家族

ユング（Carl Gustav Jung）は、太陽を人間的な感情と意識を持つものとして比喩的に論じ、40歳前後を人生の後半に至る転換点として重要であると説明した。ユングの説では、中年期は、「人生の午後」というべき時期で、太陽は自身の光を回収するかのように翳っていく。中年期は変化の可能性に満ちた重要なライフステージで、生きてきた時間（過去）とこれからの時間（未来）の比率が逆転する過程の中で、自己の終着点から過去や現在を見つめ、残された時間をいかに生きるかとの自己の問い直しが生じる時期である。

エリクソン（Erik H. Erikson）によると、中年期の心理社会的課題は「世代性（generativity: 生殖性や世代継承性とも訳される）対停滞（sutagnation）」と表現されている。世代性とは、子どもを産み育て、物質的・知的生産活動に携わり、社会を担っていく次世代の教育と指導にあたることを意味している。自分を中心とする生き方から、親しい他者や自分より幼い者、弱い者の傷つきや心の動きへの感受性が高まった状態に自然に移行していくこと、他者のニーズに配慮した生き方へと転換していくことが必要となる。

この過程が順調に運ばないと、自分のことだけに執着することになり、周囲の人々と対話し影響も受けて、豊かな人間関係を築き上げることができず停滞状態になる。したがって、中年期においては、人生半ばのアイデンティティの課題をしなやかに、かつしたたかに成し遂げることが課題となる時期で、そこでは、成長した子どもとの親子関係を見直し、熟年夫妻の夫婦関係の再体制化が必要になる。また、社会的には中間管理職としての生きがいと労苦を体験することになり、家庭で子育てに専心してきた女性の場合には子どもの巣立った後の思秋期に入る頃でもある。

1. 中年期の親子関係

この時期に子どもたちは思春期や青年期を迎えるが、その年齢の子どもたちなりに大人を観察し、また批判をするようになる。青年たちは、生育家族の伝統と、

これからの時代を生きる自分たちの考え方や価値観も尊重した新しい家のあり方について，親の世代にも考えてほしいと問題提起する。これまであたりまえとされてきたことに疑問を持ち，新しい視点から意見を出す。さらに，親の夫婦関係のあり方を意外に鋭く観察していて，もし父母に問題があると感じるとき，若い世代はズバリと要点をついて問題を指摘する。また，その家に世代を超えて存在する問題がある場合は，その積み残しを次代に引き継がせないための抵抗として若者の異議申し立てがあるが，それらが種々の問題行動として現れてくることもある。青年期の子どもが異議申し立てをする場合に，前面に出さず言語化しないまま突然に行動にうつす（行動化）ことがある。それは，親世代にとっては驚きであるが，一般的な家庭においても起こるのである。

事例❶ 突然の家出，そして非行

　高校2年生のA子は，それまでに逸脱行動はなかったが，夏休みに知り合った非行歴のある男子と2学期になってから家出をし，その間ホテルに宿泊する費用が不足したために恐喝をしたことで，家庭裁判所に係属した。彼女の家族は両親と2歳上の兄であった。父は会社員で母は専業主婦。兄は高校卒業後に専門学校に進学していた。普通の家庭の女子高校生が，非行歴のある男子と知り合った経過については，夏休みの花火大会に出かけた際に待ち合わせた中学時代の友人たちと会えずに一人で花火大会に行ったことからであった。A子の知り合った男子は，非行歴も数件あって保護観察に付されていた。A子は，自分の周囲には居ないような男子に好奇心から関心をもち，花火大会の後にも交際が続いていた。母親はその交際に困惑し猛反対していたが，高校2年頃は第二反抗期の時期で親から禁止されることをしたくなる衝動も強い。A子は高校を休み，2回も家出をしている間にその男子とホテルに宿泊することをしていた。恐喝は一緒にいた男子が主犯で，A子はその場に居たことから共犯として扱われた。A子は逮捕されたあと，家庭に保護能力があることから在宅による家庭裁判所少年部への係属となり，試験観察（7章参照）決定を受けることになった。A子の試験観察中の面接は，コラージュ療法を活用することで進行した。A子は，家庭裁判所調査官である筆者と約束した通りに必ず高校へ出席をして，高校3年に進級するために単位を取得する努力をした。A子とのコラージュ療法は，筆者も同時に作るやり方（同時制作法）を用いたが，A子のコラージュの巧みさに驚くほどの作品が作られた。コラージュを楽しんで作るA子と，同じテーブルで筆者も作

りながら面接を進めたが，彼女は，進路に迷っていることが推察された．兄は専門学校に進学したが，A子は大学に進学したい．さらに，大学でどの領域を選ぶかなどを考えていたが，家族には相談していなかった．また，美人の母親に対して，ジェンダーアイデンティティを確立する青年期に特徴的な女性としてのライバル意識が潜在していた．最終的にA子は，高校へ勤勉に出席し，3年生に進級できた．4カ月間の試験観察が終了するころには，A子が大学の薬学部に行きたいとの志望を伝えたので，筆者は彼女の試験観察中の努力を誉め，進路選択について賞賛し励ました．A子の両親は，試験観察中に夫婦が一致して娘の更生のために協力していたが，最終回では問題の男子との交際が終り安堵したこと，今後はA子の気持ちを尊重して接していくように心がけることを述べた．少年審判で不処分決定になり，親子三人が喜びに溢れた表情であった．

青年期の子どもがアイデンティティを形成する際の四苦八苦の試みに遭遇する親世代は，親連合を強化して協力して子どもからの挑戦に向かう必要がある．親同士の関係に問題があれば，両親が毅然として子どもの問題に関われないのである．また臨床の場では，中年期の夫婦の潜在している問題が子どもについての相談となっていることがある．面接が進行するうちに父母の夫婦関係に問題があると理解される場合があり，その面の改善が焦点になることもある．すなわち，夫婦間の葛藤と親子間の葛藤は重複的な現れ方をすることが家族臨床の場面では起こるが，特に青年期の子どものいる家庭においては，その関連が大きい．そのような典型的な経過がみられた事例を，以下に引用する．

事例❷ 進路に迷う息子に当惑する中年期の夫妻

　B子とC男は中年期の夫婦であるが，大学浪人をしている次男が予備校にも行かずに引きこもり，顔にアトピー性の湿疹も出ている．本人が進路に迷っていることを心配して，夫婦で地域の相談所を訪れた．夫婦とは合同面接を3回行った．次男は大学進学ではなくミュージシャンの道を目指したいと言っており，音楽の仲間もいるのでどうしたものかと心配していた．両親としては息子に大学に進学して欲しいと望んでいた．4回目からは，B子のみが面接に通ってきた．B子によれば，夫妻は大学で知り合ったのだが，地方出身のC男は2歳年上である．C男は一浪して大学に入学した後，ギターの趣味にのめり込み留年していたが，大学入学後3年目になり大学を卒

業しようと志を立てて登校してきた頃に，妻と同じゼミに所属するようになった。B子によれば，C男はギター演奏に魅せられてレストランで夜のバイトをしつつ音楽の道で行くか，大学を卒業しサラリーマンとして生きるかを迷っていた時期に大学を休んでいたことがある。次男は，父からギターを教えてもらいその楽しさに浸るようになったので，息子の今の状況にC男が悪い影響を与えていると述べた。B子は低迷していた若い頃のC男と次男の姿が二重になって映り苦しいと訴えた。さらに，あまり勤勉でないC男は社会に出てからも2～3回の転職があり，B子が支え続けて現在の職場に定着して10年を経た。ようやく，一家もこれで安泰と思ったときに息子の問題が出現し，さらに，夫が今の職場を辞めて他の仕事をしたいと言い出したのである。自宅もあり安定した生活ができると思ったときに，夫の収入がなくなるという今後の不安も拡がり，B子は困惑状態であった。B子の個別面接が4回経過した頃，彼女はしばらく面接を休み，夫と家で話し合いたいと述べた。その3週間後，面接に来たB子は笑顔を浮かべており，夫が現在の職場を継続することになった旨を報告し，夫婦で海外旅行に出かけると述べた。そのセッションでは，ほかにも驚くような報告があった。父母が海外に出かけるので，次男は住み込みのアルバイトをすることにしたというのである。音楽を一緒にする友人たちと練習するスタジオを借りる資金にするということであった。次男は，両親の望む方向ではないが自分の足で歩き出したという意味で大切な動きを始めた。旅行から帰国した後，B子は面接に訪れ，旅行が楽しかったこと，次男がアルバイトを1カ月以上も継続していることを報告した。今は，息子のことで夫婦喧嘩になることもなく，夫婦関係も親子関係も好転していると報告した。

2. 中年期夫婦の夫婦関係の再体制

　中年期はライフステージとしては変化の可能性が多く，また，「サンドイッチ世代」とも言われストレスの強くなる世代であるが，そうした状況にあって，配偶者の存在はどのような意味をもっているのだろうか。宇都宮は，中高年夫婦が結婚生活を継続する要因に着目し，「人格的コミットメント」（たとえば，「妻（夫）をかけがえのないひとりの人間として深く尊敬しているから」「私にとって配偶者はかけがえのない存在だから」など），「機能的コミットメント」（たとえば，「妻（夫）がいろいろと役に立つから」「生活の安定のため」など），「非自発的コミットメント」（たとえば，「たとえ離婚を求めてもどうせ相手が承諾しないから」「身内や結婚でお世話になった方々に

申し訳ない」など）の3種類のコミットメントがある。夫と妻ともに得点が高いのは「人格的コミットメント」で，次は「機能的コミットメント」，その後に「非自発的コミットメント」の順であると報告している。したがって，婚姻歴が長い中高年夫婦は人格的な結びつきによって折り合い，関係を継続しているのである（宇都宮，2005）。

　水田は，中高年期の夫婦に関しては2軸で愛情のあり方を考えている。子ども時代の親子関係において形成された愛着という軸と，成長してから異性に向かう性愛という軸の2軸である。若い世代のカップルは性愛が優位の関係であるが，年月を経たカップルになると性愛よりは愛着が優位に変化すると考えている（水田，2005）。

　平山・柏木は，中年期夫婦のコミュニケーション態度について実証的な研究を行ったが，その結果として以下のような知見を見出している。①妻側に優位なコミュニケーション態度は，「共感」と「依存・接近」の二つであって，それは相手にポジティブな感情を喚起するものであった。他方，夫側に優位なコミュニケーション態度は，「無視・回避」と「威圧」であり，これは相手にネガティブな感情を喚起するものであった。このような夫婦間コミュニケーションの様態は，子どもの巣立ちの時を迎えた中年期夫婦が二者関係の再編成という課題に取り組む上での阻害要因であると考えられた。②夫側のコミュニケーション態度は二者間に上下という関係がある場合に起こり得るもので，これは，妻の側に経済的な条件や社会的な地位がある場合には夫に共感的コミュニケーションが増え，上記①のようなコミュニケーションのあり方ばかりではないと考えられた。③その他，仕事を持ち社会参加している女性（妻）の方が話題に拡がりがあり，夫との対話も多岐にわたるテーマで話し合われ対話が促進され，上記①のような対話状況ではなくなると述べられている。この研究結果が示すように，中高年の夫婦においては対話や共通の体験を豊かにしていくことが夫婦間の関係性を発展的に変容していく上で重要な要因であると考察されている（平山・柏木，2001）。

　諸井は夫婦関係満足度に関する研究の中で，家事労働や就労して家計を稼ぐなどの家庭維持にかかる諸機能において，夫と妻との間では等価な比較はできないが，結局は，お互いを理解し情緒的にもサポートし合えるかが重要な鍵であると述べている。そのような充実した中年期の夫婦の二者関係を形成するためには，男性であり女性であることや，父親であり母親であることをすべて包含するような人格的な二者関係を形成していくことが必要である（諸井，2003）。

事例❸ 熟年夫婦の危機と円満調整

　D男（62歳）は，ある高校の校長を退職後に非常勤の仕事をしていた。E子（61歳）は，結婚前は教員だったが，結婚時に退職し家事と育児に専念してきた女性であった。E子は子ども好きなので，子育てがひと段落した後に地域の子ども関係のサークルに関わっていたが，その仕事を60歳で退職した後に家族紛争が起こった。その契機は，D男と郷里に住む幼馴染の女性の関係を知ったからであった。D男は全くプラトニックな関係で男女関係ではなく，友人関係であったと考えていた。D男が校長に昇進する50代後半のストレスを，郷里のクラス会に出ることで癒すことを試みた時期があり，その機会に二人は出会い文通もしていたが，すでにD男とその女性との関係は終了していた。しかし，E子は約1年前に過去の関係をD男から聞いたことが契機で心因反応を起こしていた。E子が長い間築いたと思っていたD男との信頼関係が揺らいでいた。そのことを知ってから，E子は同居しているD男との対話もなく夕方になると毎日のように泣き出し，近所に住む息子夫婦がなだめても泣きやまなかった。そのため，困惑したD男から家庭裁判所家事部に円満調整を求める調停の申立てがあった。

　家裁の夫婦関係調整事件では，夫の不貞に対して怒りを表出するのでなく悲しみに陥った妻が，それまでの彼女にはないような心因反応を起こす事例を散見する。そのような事例では一対一の婚姻という契約関係を夫が破棄したのだから，妻に対する謝罪が必要となるので，夫にはそのような状況を説明して反省を勧める方向で接する。夫はその状況を理解し内省を始めるが，それを確認してから夫に家事調停の席上で妻に対して反省を示す場面を設定することがある。その後の展開はケースバイケースであるが，大方の場合，夫の謝罪によって妻の悲嘆や苦悩はやや緩和される。この事例の場合，D男は円満同居を望んでいたので，調停の席上での謝罪のほかに，家庭でもE子への態度や言葉を変化させ反省を示す努力を見せた。一方で，E子に対しては期日間カウンセリング（調停と調停の間に調停委員会から命令を受けて行う継続面接）の中で夫に裏切られたと感じたことの悲しみや怒りに共感しつつ，その感情を受け止めながら立ち直るためのサポートを行った。E子の個別面接の進行中，県外に住む既婚者の長女が母親を頻繁に訪れてケアしてくれたことと，近所の長男夫婦がE子に話しかける機会を増やして優しく接していたことが，夫婦の面接が円満調整に向けて展開することの背景であった。最終的に，D男とE子は家事調停で円満和合の調停条項を作成するまで関

係が改善した。

　この夫婦は，危機を乗り越えて今後の老年期を仲良く過ごす方向に向かうことができた。この経過には夫婦がそれまで築き上げた家族の絆が良好であったことがプラス要因となったとも考察される。長男も長女も親孝行な子どもたちで，両親が争うときに駆けつけ，メンタルなバランスを崩した母親を援助する社会資源であった。このような支援は，夫婦が中年期後期のライフステージまでに続けてきた次の世代に対する努力の成果が現れたとも言えることである。中年期にはそれまでの結婚生活を振り返り，老年期を夫婦として生活していけるだけの豊かな関係を構築しているかを吟味し，必要に応じて修正していくことが求められる。この夫婦は，その課題を家庭裁判所での調停とカウンセリングの援助によって一歩進め解決した。夫婦が危機に至る前に各々が誠実に人生を生き，次の世代を育てることを熱心にしてきたので，その成果が今後を支える背景になったと考察された。この夫婦のような社会資源を持たずに夫婦の紛争が長期化し，熟年離婚になる場合もないわけではないが，その老後は，社会における人間関係や経済状態などの面では楽観できるものではないと考えられる。

3. 対社会的な側面——職業上の生活，思秋期の克服

　前述の事例2と事例3において，夫は中年期における職業面のストレスを抱えつつ，家族との葛藤にも取り組むという状況であった。中年期の男性にとっては，中間管理職の過重労働や，ワーカホリックなどの問題が重なり，また，不況による配置転換や，リストラによりうつ状態を発症するなどの頓挫もありうる。中年期のキャリア危機をいかに克服するかは，当該の男性にとっても，その男性の家族にとっても大きな問題である。昨今は，公務員でも民間企業でも残業を減らし，ワーク・ライフ・バランスを目指す方向が進行している。これは望ましい動向で，中高年男性が仕事ばかりではなく，心身ともにバランスのとれた健康な生活を送り，家庭においても協力するためには，ワーク・ライフ・バランスの方向性は必要であると思われる。

　一方，女性については，学歴と職歴の優秀な女性でも「ガラスの天井」（組織の中で女性が遭遇する昇進を阻む見えない限界のことであり，それを比喩的に表現したもの）に遭遇する時期である。家庭にいる女性の場合は，子どもが思春期や青年期にあって，これまでとは違った対応を迫られ，子育てや教育を巡るストレスが負担になるが，その困難な時期を乗りきった頃から，家庭婦人の思秋期が始まると言

われている。このとき，その女性が心機一転し，パート就労や興味のあることの学習と有用な資格取得，ボランティア活動などにエネルギーを向けることができれば，精神的には健全なあり方を見出す方向に進める。

4. 中年期世代にふりかかる介護問題

日本は1970年に高齢化社会（65歳以上の人口が総人口の7％以上）となり，1997年に高齢社会（65歳以上の人口が総人口の14％以上）となった。そして，早いスピードで高齢化が進行し2007年11月には，総人口の21％以上が65歳以上という超

COLUMUN │ ワーク・ライフ・バランス

近年，さまざまな職場で働き方改革が標榜されている。これまでに昼夜を問わない長時間労働に従事したため，その職場で働く男女の中に精神のバランスや体調を崩すものが出ていた。うつ状態に陥る場合や，過労死という事態になる場合も起こっていた。稼働する人間が心身の健康を崩さずに，安定して同じ職場に勤務するためには，それなりに適正な労働条件が確保されることが必要である。たとえば，夜遅い時間まで勤務したものが，翌日に出勤するまで11時間のインターバルを確保することなどである（勤務間インターバル）。

ワーク・ライフ・バランスとは，「老若男女誰もが，仕事，家庭生活，地域生活，個人の啓発など，さまざまな活動について，自らが希望するバランスで展開できる状態」と定義される。たとえば，男性だから仕事だけ，女性だから家庭だけではなく，もし，その人が仕事50％／家庭50％で生活したいと思えば，男性でも女性でもそのことが実現するような社会づくりという意味が込められている。しかし，現代の日本社会ではその実現には遠く，特に，仕事と家庭を両立させようとすると，そこにワーク・ファミリー・コンフリクトという葛藤が生じる。このコンフリクトは共働きの女性において最も高い。しかし，共働き男性では，仕事関与と家庭関与の両方が高いグループがもっともワーク・ファミリー・コンフリクトが低いという調査結果も出ている。この調査結果からも，仕事と家庭の両領域に適度な関与をもつこと，すなわち，ワークとライフのバランスを取ることが最もメンタルヘルスには好ましと考えられる。多重役割ということが言われるが，それが個人にとって負担になるよりは，むしろ切り替えが気分転換に繋がるような役割の重複であれば，メンタルヘルスにとっては効果がある。中高年男性は，特に厳しい職場条件の下で負担も責任も重いが，自分の健康と家庭，そして子どもの教育も大切に思う柔軟な姿勢が必要な時代になりつつある。

第Ⅲ部——人間の発達と家族

高齢社会に至っている。このような日本社会の変化に対して，現状では政府に十分な対策が用意されているわけではない。人口の高齢化と長寿化に加えて，少子化と女性就労の増加は，老親介護の負担を増幅している。東洋の国である日本は家族の絆が強く，家族外の介護サーヴィスを好まない傾向があったが，そのような伝統に縛られた方法では乗り切れない状況にある。日本の長い経済不況の時代から，多くの夫婦は共働きでないと生活が維持できない状態であるため，既婚女性が就労することが多いが，その影響で少子化の傾向が強まっている。また，困難な家族状況のなかで子宝に恵まれても，育児休業の期間が終って妻が仕事に出る時期には保育園不足が問題になっている。

　現役世代は仕事と子育てに忙しく，老親介護にエネルギーが注げない状況である。そのような困難な状況を僅かでも緩和するために2000（平成12）年4月から介護保険制度が開始され，以降は「介護の社会化」（介護の負担を個人や家族だけに負担させずに，専門的な介護サーヴィスを税や保険料で確保すること）が浸透しつつある。しかし，介護の社会化の動向で，家族介護者の果たす役割が少なくなったとはいえない。無藤によれば，家族介護者の仕事は身体的・物理的な介護・世話や心理的サポートにとどまらない。さまざまな介護サーヴィスを比較し選択し手配すること，サーヴィスを受けるか否か決めることなどの具体的な意思決定が必要になる。その意思決定の過程を進めるための調整的な役割を家族介護者が果たす場合が多い。介護を担っている人の続柄を見てみると，同居家族66.1％，別居家族8.7％で，主介護者の4分の3が家族介護者であり，その7～8割が女性（妻，息子の配偶者，娘）ということになる（無藤，2008）。これは，介護のジェンダー化と言われる現象であるが，この場合に女性が就労している家庭では，介護という課題がふりかかることにより多重役割を強いられる女性と家族内に混乱が発生する。今までの家族関係を修正し，男性がより協力的な動き方を家庭内でもする必要がある。

Ⅲ　老年期と家族

1.　老年期の課題

　高齢化社会を迎え，人口の高齢者の比率が多くなると，何歳から「高齢者」と呼ぶことが適当かという議論が出てくる。従来は65歳以上とされていたが，その年齢で仕事を持ち社会参加している男女は現代ではかなり多い。また，医療の発達により，健康の面でも体力的な面でも，65歳の男女は従来の65歳の男女よ

りは若いと考えられる。2017（平成29）年1月に公表された日本老年医学会の見解では、74歳までを「準高齢者」と呼び、75歳以降を「高齢者」とする方向が示された。しかし、これはあくまでも提案の段階にとどまっている。この年代のあり方には個人差が多いとも考えられ、仕事をまだ続けているか、すでに社会参加していないかの相違があり、また、アンチエイジングに関心が強く健康維持に留意している人と、病気を持っている人との違いも大きいと考えられる。老年期をよりよく生きるためには、まず仕事への姿勢の切り替え、第二に夫婦の信頼関係をどのように維持するか、第三に子ども世代との関係をどのように維持するかという点などが重要である。

（1）老年期における仕事の在り方

これまでの自分を支えてきた役割や場からの引退（定年）があるが、その事実を受けとめていくことや、そこからの新たな出発（第二、または第三の仕事）を考えて、その歩みをゆっくりと進むことが大切である。男女を通じて、収入にはあまり繋がらなくても、関心のある問題やボランティア活動に取り組むこともあるが、そこで社会と関わっているという実感や、その場での人間関係が大事な社会資源になる。

（2）老年期の夫婦のあり方

この時期に入って、長い間に築いてきた夫婦の信頼関係が特に重要な鍵になる。具体的には、自分の身体や精神が弱った場合に親身な介護が配偶者から得られるのかが問題となる。この信頼感は夫婦二人が築き上げた共有財産ともいうべきもので、物質的な色彩が強く感じられるのだが、むしろ精神的な意味が大きい。しかし、家庭裁判所の家事調停事件では、60代半ばで仕事がひと段落した夫と数年間は一緒に暮らしたが、やはり夫と別れたいという妻からの離婚の申立てが、時折、提出される。子どもたちも自立し、長年、横暴な夫に仕えて同居してきたが、それは生活のために夫に働いてもらう必要があったので、忍耐を重ねてきたと妻たちは述べる。彼女たちは、年金分割という制度もあり婚姻年数に応じて妻の権利は2分の1まであるから、それを得て生活する方が気楽でよいと考えている。万一、夫が介護状態になったときに、離婚していれば妻は世話をしなくてすむとも考えている。夫にとっては妻の抗議に困惑する状況なのだが、親孝行の子どもがいれば、母（妻）をなだめて、父（夫）との関係をとりなしてくれる場合もある。そのような温かい配慮のできる人的資源があれば円満な結論も望める。しかし、夫唱婦随の態度を長年続けてきた男性の配偶者への態度は簡単に改善するわけではないので、調停を通じて反省を深めることを契機に、長い間連れ添っ

た妻をどのように尊重する姿勢になれるかが課題である。妻の側は，長い余生を暮らす上での金銭上の目算からも現実認識をすれば，再考の余地がないわけではない。

(3) 老年期における子ども世代との関係

成人した子ども世代との関係を，どのように良い方向に維持し発展させるかの問題もある。子どもの性別や性格，配偶者がいる場合にはその配偶者の属性や，配偶者の実家のあり方などの多様な要因がある。子ども世代は，成人して生育家族を出てから，結婚して生殖家族を作ることが重要な課題であり，人生の歩みを必死で進んでいるので，それを理解しつつどのように関わるかが課題になる。若い世代が，自分の仕事や子弟の教育に専心している時期に，いずれかの親の健康状態が悪化して介護が必要になる場合もある。そのような家族の危機を乗り越える巧みな方法は，やはり長年にわたって形成されてきた親子関係と同胞関係の協力態勢を効果的に活用することである。

日本社会の伝統的な弊害としては，嫁姑の不仲の問題があるが，それゆえに，子ども世代が離婚になる場合も散見される。またそのような場合に，少子化のために，孫がとりわけ貴重な存在と考えられ，孫を取り込みたいと争う場合もある。しかし，客観的に見れば，親世代が若い世代の家庭の幸福を配慮しない干渉的行動をしていると思われ，そのために悲惨な結末に至る場合があるのは残念なことである。

2. 老年期を支える制度的基盤

(1) 介護保険法

前節でも触れたが，2000年（平成12年）に創設されたわが国の介護保険制度は，ドイツに次ぐ第二番目の介護保険制度であり，これは，それまでの保健，医療，福祉を高齢者介護の切り口から統合・再編するもので，介護の社会化を意味する画期的な制度である。しかし，少子高齢化社会がさらに進展することになると，介護保険の担い手（社会保険の財源を提供する働き盛り人口）の減少傾向と，団塊世代の高齢化に伴いサーヴィスの対象となる人口の増加が問題となり，財政的な基盤の問題は悪化する傾向にある。2006年（平成18年）からは第一次改正介護保険法が施行され，その後は2009年（平成21年）第二次改正法施行，2012年（平成24年）第三次改正法施行，2015年（平成27年）第四次改正法の施行と3年ごとに改正が行われてきたが，改正が行われるたびに保険料基準額（基準額全国平均）が増加している。また，第四次改正（平成27年からスタートした現行の介護保険法）では，地域包括ケアシステムの構築が本格的にスタートしている。予防給付が地

域支援事業に移行し多様な提供主体の育成をめざすことになった。また，一定以上の所得者の自己負担割合の引き上げや，低所得者の保険料の軽減割合の拡大など，費用負担についても被保険者の状況に応じて調整できる制度となっている。

（2）成年後見制度に関して

成年後見制度は，2000年（平成12年）4月から施行されているが，この制度は，精神障害者，知的障害者，認知症患者など精神保健上の障害があり，判断能力が不十分であるために契約締結等の法律行為における意思決定が困難なものについて，その判断能力を補い，権利や財産を保護する制度である。すなわち，自分自身では大事な決定のできない状態にあるものの身上監護と財産管理を行う役割で，その候補者とされたものは，家庭裁判所の審判によって後見人（または保佐人）として決定され，その役割に就いたものが，高齢者の身上監護と財産管理を行うのである。

従来から，後見人（または，保佐人）の制度はあったが，新しい成年後見制度では，より福祉的な視点が強化され，そこでは本人の意志が尊重されること，本人の自己決定が尊重されること，ノーマライゼーション等の現代的な理念に基づいて高齢者を保護することができるように配慮されている。この成年後見法は，法定後見と任意後見の二つの制度からなっており，法定後見には，本人の判断能力に応じて，後見類型，保佐類型，補助類型の3類型がある。後見類型は心身喪失状態の者に対する受け皿で，保佐類型は心身耗弱状態の者に対する受け皿である。補助類型は判断能力の低下が軽度な者に対する限定的な援助が行われる。任意後見は，本人（高齢者）の精神能力や意思能力が健全に機能している時期に，後見人候補者の問題も含めて契約を結んでおき，前もって準備をする方法である。以前は，家族による代理契約が安易に容認され，家族による権利侵害もあった事例も稀にはあったが，その弊害が改善された。

しかし，実際の運用に関しては，現行の成年後見制度にも多くの課題が残っている。要支援者の財産管理に関して，適性があり，かつ道義的な姿勢のある後見人候補者が少ないことである。状況により家族内にそのような候補者が見出せない場合には，弁護士，司法書士，社会福祉士，その他社会福祉に関心があり財産管理にも適性のある者（元・家庭裁判所調査官や書記官経験者など）が候補者となるが，昨今のニュースでは一部の後見人が被後見人の財産を着服したという報道もあった。このような事件も起こることから，全ての事案ではないが必要と予想される事案に関して，家庭裁判所により後見人の事務を監督する後見監督の業務が行われている。

2000（平成12）年に発足した成年後見法は2016（平成28）年に改正が行われたが，それは成年後見制度の必要度が増加しているにもかかわらず，知る者が少なく利用者が少ないので，この制度の活用を促進することが狙いであった。改正のポイントは，「利用者本人がメリットを実感できるような改善であり，地域ネットワークでの支援体制作りがなされるような提案が補充されていることである。さらに，稀に報道されるような後見人（保佐人）の不正を防止する方策も考えられている」（小林・満田，2017）。

3. サクセスフルエイジングと人生戦略

　「高齢者」というライフサイクルがどの年齢から始まるのかは個人差が大きいと考えられるが，各人の時間を生きることでその生活の中に統合を見出し，高齢期に過去の自分の生き方を良い人生であったと肯定できる段階に至れれば，それが理想的である。現代では医療もめざましく発達し，高齢者が楽しめる文化的環境も整備されてきた。また，中高年期の経験を活用して，新たな仕事や生活にチャレンジする人々も増えてきている。平均寿命が男女とも次第に長期化している時代に，新たなるチャレンジをすることも重要であるし，また，それが可能となる人間関係の形成や経済力も必要である。リンダ・グラットンらによって「ライフシフト」と表現されているが，過去のモデルに拘らない100年時代の人生戦略が必要であると言われている（Gratton & Scotto, 2016）。従来から望ましいと考えられていた老年期の生き方のほかに，個性的で多様な生き方が目指される時代に向かっている。

文　献

Gratton, L. & Scotto, A.（2016）. *The 100-year life*. Bloomsbury.（池村千秋（訳）（2016）. ライフシフト―100年時代の人生戦略, 東洋経済新報社）

平山順子・柏木惠子（2001）. 中年期夫婦のコミュニケーション態度. 発達心理学研究, 2, 216-227.

小林明生・満田悟（2017）. 成年後見制度の利用促進に関する法律の施行について. 家庭の法と裁判, 8, 124-130.

Levinson, D. J.（1985）. *The seasons of man's life*. Knopf.（南博訳（1992）. ライフサイクルの心理学. 講談社）

水田一郎（2005）. 恋愛・結婚・離婚の心理学. こころの科学, 122, 56-62.

諸井克英（2003）. 夫婦関係学への誘い. ナカニシヤ出版.

無藤清子（2008）. 中釜洋子・野末武義・布柴靖枝・無藤清子（著）家族心理学（pp.131-151）, 有斐閣.

寺田晃（2006）. 熟年夫婦を支えるもの. 家族心理学年報, 24, 102-115.

宇都宮博（2005）．結婚生活の質が中高年者のアイデンティティに及ぼす影響．家族心理学研究, 19, 47-58.

BOOK GUIDE

柏木恵子（編）『よくわかる家族心理学』 ミネルヴァ書房，2010年｜97題の基本的な家族心理学のテーマについて，Q&A形式で編集されている。学部の学生の参考書として最適と思われる。

中釜洋子・無藤清子・野末武義・布柴靖江（著）『家族心理学――家族システムの発達と臨床的援助』 有斐閣ブックス，2008年｜家族臨床に関わる専門家が，共同で執筆している家族についての臨床心理学の書である。

柏木恵子・高橋惠子（編）『人口の心理学――少子高齢社会の命と心』 ちとせプレス，2016年｜最新のトピックを取り上げ，各分野の専門家が執筆している本で，社会人にも興味深い。

（いむら・たかね／さいたま家庭裁判所／聖徳大学大学院）

特別講義 I
人間発達の可塑性　児童虐待からの再生

内田伸子 Nobuko Uchida

この章のねらい | 子どもの発達とともに家族も発達し，親子関係は変化する。本章では，児童虐待を切り口にして，乳幼児期および学童期，そして思春期と青年期を生きる子どもの発達と家族の人間関係について学ぶ。

現代の子どもはきわめてストレスの高い状況におかれている。子どもの自律を阻む過保護の親，子どもを自分の思い通りに育てたいと幼児初期から早期教育や文字や数の訓練を開始する親がいる。その一方で，親自身も孤立しストレスを感じている。家族の中で一番弱い存在である乳幼児にストレスのはけ口を求め虐待に走る。どちらの親も子どもの発達を阻み，子どもを支配するという点では同じである。

このような歪んだ環境の中で心身ともに深く傷つきながらも，見事に立ち直り，発達を遂げていく子ども。そうした子どもたちは，人間の発達がいかに可塑性に富んでいるかを示してくれる。養育放棄され，過酷な状況におかれた子どもたちが回復するのに家族の再生と家族を取り巻く地域の力「コミュニティ」が不可欠であることを児童虐待の事例からみてみよう。

キーワード | 子ども，児童虐待，発達課題，親子関係，愛着

I　孤立する家族と子ども──児童虐待の背景と帰結

1. コミュニティ崩壊──孤立する家族

家族生活や子育ては社会の経済状況と密接に関連している。日本は1988年ごろ，高度経済成長期から低成長の時代に入り，コミュニティ（地域生活共同体）が崩壊しはじめた。大都市だけではなく地方都市においても家族が孤立し始め，孤立する家族の中で，子育ては地域社会の支えを失っていく。大都市には0歳児保育が始まり，働く母の代わりに養育やしつけまでも担うようになる。地方都市に

までコンビニや塾が進出し，放課後の子どもたちの居場所ともなり，日本各地で塾と学校のダブルスクール化が始まった。地域に支えられ，異年齢の子ども集団に支えられていた子育ても，分断され，家族は孤立するようになった。0～18歳までの子育て世帯の年間所得の平均は2009年には691万円であったが，2016年には504万円と200万円も下降し，日本各地で，親の貧困とその影響化で起こる子どもの問題になっている。

このような社会経済状況を背景にして，子どもが心身ともに深い傷を負う，いわゆる虐待や養育遺棄のケースが増えている。しかし，児童相談所による児童相談所の相談対応件数をみると，統計をとりはじめた1990年には1,101件にすぎなかったが，2015年（平成26年度）は89,978件にもなり，特に大都市（東京都や千葉県，大阪府や京都府など）で急増し，毎年，最多更新を続けている。日本の人口の約2倍強の米国では2000年に年間130万件も発生しているという状況に比べれば，日本の方がはるかに少ないとはいうものの，家庭という密室での虐待被害は今後も増え続け米国並みになる日がくるかもしれない。

2. 児童虐待を引き起こす原因

家庭といういわば密室の中で，一番弱い乳幼児に対する虐待が密かに，陰湿な形で進行している。虐待には，①身体的暴行，②ネグレクト（食事を与えない・押し入れに閉じ込める），③性的暴行（近親姦・ポルノグラフィーの被写体にする），④心理的虐待（言葉による脅し・無視・きょうだい間の極端な差別，さらに日常的に親のDVにさらされる）がある。実母による虐待が60～62％であり，父親によるものが20～22％である。

虐待発生の原因は親の問題につきあたる。第一に，母親が父親に不満で，子どもに不満のはけ口を求める場合である。第二に，父親が幼くて，母親をめぐって子どもと父親が三角関係のようになる場合である。第三に，未婚で出産し，育てられなくて虐待にはしるというケースもある。第四に，子ども自身に発達障害があったり，未熟児のため保育器に入っていて母子分離経験があったりすると，子どもに愛着がもてないこともある。ここに親自身が虐待された経験が重なるなど，さまざまな要因が重なりあって虐待が生ずる場合が多い（図①）。

子どもの虐待には世代間連鎖があると言われている。子ども時代に虐待され，「力のしつけ」(Miller, 1980/1983) を受けた親は，自分がされたと同じように，わが子を虐待してしまうことがある。

3. 児童虐待の帰結——停止する発達

虐待された子どもは，からだが小さく，言語や認知，社会性も遅滞しており，

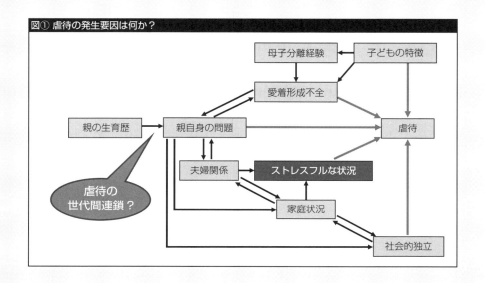

幼く見える。なぜ身長や体重の伸びが止まってしまうのか。過度のストレスのもとでは成長ホルモンが止まってしまうので身体が成長しない。マウスの実験では温熱ストレスで細胞が破壊されてしまい死んでしまうのである。**図②**にはストレスで身長や体重の伸びがとまってしまう「心理・社会的侏儒症（Psycho-Social Dwarfism: PSD）」（Hopwood & Becker, 1980）の例を示している。なぜことばや知能が遅れるのか。虐待を受けると大脳辺縁系の海馬や扁桃体が12〜16％も萎縮するという（**図③**）。友田とタイチャー（Tomoda & Taicher, 2011）は、虐待を受けた年齢

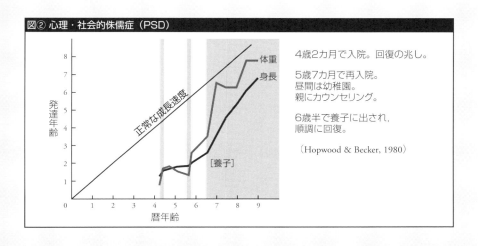

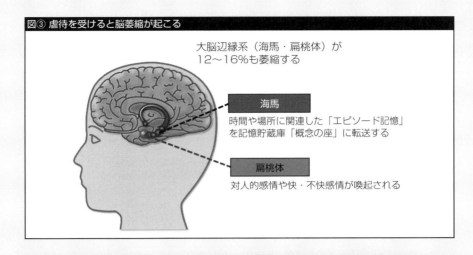

図③ 虐待を受けると脳萎縮が起こる

大脳辺縁系（海馬・扁桃体）が12〜16％も萎縮する

海馬：時間や場所に関連した「エピソード記憶」を記憶貯蔵庫「概念の座」に転送する

扁桃体：対人的感情や快・不快感情が喚起される

表① なぜことばや知能が遅滞するか（Tomoda & Teicher, 2011）

虐待を受ける	➡	脳の委縮／大脳辺縁系（海馬や扁桃体）の12〜16％
幼児期の身体的暴力	⇒	記憶障害／4歳頃の海馬の敏感期
思春期の近親姦虐待	⇒	左視野が狭く無感動／視覚野の敏感期＋統合失調症
心理的虐待	⇒	言語理解や概念発達の遅滞／聴覚野（ウェルニッケ野）の障害
思春期のDVの目撃	⇒	意志や価値判断力の低下／前頭連合野の障害

や虐待の種類によって大脳の萎縮部位が異なることを明らかにしている。DV環境で日常的に母親が父親から暴力を振るわれているのを目撃するだけでも意志や判断力を担う前頭連合野が萎縮するという（**表①**）。

4. 何が回復の程度を分けたのか

これまでに報告された養育放棄の事例から，①出生直後に家族から隔離され，②隔離期間は5年以上の長期にわたり，③母性的養育が剥奪（maternal deprivation）されて，単に心理的交流が欠如しているだけではなく，社会的・文化的・言語的・心理的・栄養面などの複合的な刺激が剥奪され，④隔離の程度がきわめて重く，⑤隔離により重度の発達遅滞を示した社会的隔離児の6事例を**表②**にまとめた。救出時にはどの事例も発語はなく，歩行困難で，身体的・精神的に著しい発達遅滞を呈していた。

救出後の回復経過は異なり，良好，不良，中間（一部に欠陥や回復不良が見られる

表② 回復の程度――母性的養育の剥奪期間の長さか質か？

回復の程度			[剥奪期間] 救出年齢	[分離不安] 大人	同胞
良好	イザベル	[米]	6歳6カ月	＋	－
	P.M.とJ.M.	[チェコ]	6歳10カ月	＋	＋
不良	アンナ	[米]	6歳0カ月	－	－
	アンヌとアルバート	[米]	6歳と4歳	－	－
中間	ジニー	[米]	13歳7カ月	±	－
	FとM	[日本]	6歳と5歳	－	±

⇒剥奪期間の長さよりも質が問題
問い：分離不安の有無が回復程度を分けた？　⇒FとMの事例の検討

ものの，おおむね回復）の三つに分かれた。救出時に病院や施設に収容のため家人から離されるときに「分離不安」を示したかどうかが回復の良し悪しと関係していることがわかる。

II FとMの物語

1. 養育放棄された二人のきょうだい

小さな町で二人のきょうだい――姉（female：以下Fと略記）と弟（male：以下Mと略記）――が外廊下の物置に放置されているのが発見され救出された。二人は6歳と5歳だったが，救出時には言葉はしゃべれず，歩行できず，身体発育の面からみても1歳程度（共に体重8kg，身長80cm）であった。父親には怠け癖があり仕事をせず，母親のミシンの内職では自分たちの食い扶持もままならず，家計は窮乏の度を強めていった。食うや食わずの生活の中で母親はしだいに無気力になり，子どもたちの世話をしなくなっていった。部屋が汚れるという理由から，排泄のしつけができていない年少の子どもたちを外廊下の物置に放置したのである。

2. 回復・治療計画

救出時の姉弟の発達遅滞は，初期の養育の欠如と栄養不給によりもたらされたものと考えられた。救出後姉弟は乳児院に収容された。藤永ら（藤永・斎賀・春日・内田，1987）により補償教育チームがつくられ（1972年12月），二人の社会復帰に向けての治療・回復計画（**表③**）を立て補償教育を実施した。

第一に，環境改善。栄養条件の改善，運動技能の発達促進，絵本や教育玩具などをいつでも触れられるようにして，保育者との会話や遊びを活発にして愛着の形成を促し，大人との対人関係の活発化や乳児院の子どもたちとの遊びを中心

表③ 治療・回復計画（1972年12月プロジェクトチーム結成）

(1) 環境改善
担当保母との愛着，同胞・仲間・成人との対人関係の形成，栄養改善，言語的・認知的・文化的刺激の導入，感覚・運動技能の発達促進のプログラムの実施

(2) 診断（測定と訓練）
①社会・情緒的発達（人格面の各種検査・ロールシャッハテストや箱庭療法）
②知的能力の発達（各種知能検査や言語発達検査）

(3) 補償教育（教授・学習プログラムの開発と導入）
①言語発達
②数概念の発達
③一般知識の獲得（夏休みに1週間，内田の自宅で過ごす
　　　　　　　　お盆とお正月それぞれ1週間母親宅で過ごす）

とした交流を促した。

　第二に，診断をかねて各種人格検査やドルプレイ（人形や家具セットを用いたごっこ遊び）を導入し，診断に基づく処遇方針を決定してはたらきかけた。

　第三に，遅れている知的・言語的能力や運動能力の欠陥を補償するための教授＝学習プログラムを開発し実施した。小学校入学以後は大学院生を家庭教師として派遣し，学習面の補償教育に力を注いだ。

3．「冬眠」という防衛のしくみ

　正常環境に移された途端に開始された身長や体重の回復はめざましかった。健常児の身長の発達速度曲線は乳児期に発達の大きなカーブ，ついで思春期に小さなカーブが描かれる。FとMの場合もこの曲線に近似したパターンとなった（**図④**）。栄養が与えられず，言語や社会的，文化的刺激が与えられない状況下では身長発達のプログラムは一種の「冬眠」，あるいは，「機能的な凍結」状況におかれていたのかもしれない。同様に，救出時には欠損していた永久歯の歯芽は救出後6年半かかって回復した（**図⑤**）。成長発達が「冬眠」や「凍結」状態にあると，からだ全体の代謝は低く抑えられ，食事を与えられないことによるダメージを最小限にくいとめることができる。幼い容姿は大人の攻撃性を低減させる。成長発達の凍結は，代謝の低減と養育者からの攻撃の回避という両面で防衛機制になっているのかもしれない。

4．回復の機能的準備系「愛着」

　養育者との間の愛着形成は回復の鍵となる。乳児院に収容当初，姉はすぐに担当保母との愛着を形成し，順調に回復していった。一方，弟は，保育者になつこうとせず，言語や対人関係の遅滞は著しかった。Mの回復の遅れの原因を探

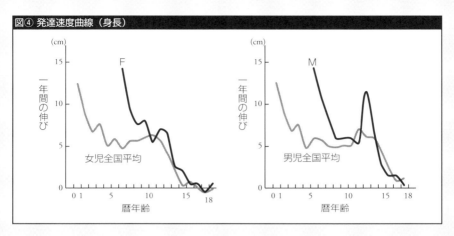

図④ 発達速度曲線（身長）

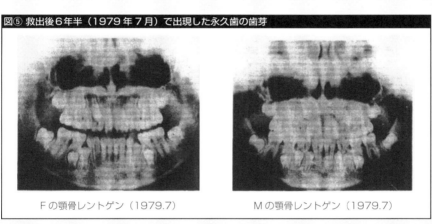

図⑤ 救出後6年半（1979年7月）で出現した永久歯の歯芽

Fの顎骨レントゲン（1979.7）　　　Mの顎骨レントゲン（1979.7）

るため「ストレンジ場面手続き（strange situation procedure）」（Ainsworth, et al., 1978）を用いて愛着形成の有無を査定した。Mは担当保母に分離不安を示さず，見知らぬ人に対して人見知りをしなかった。この結果を踏まえて担当保育士を交代してもらったところ，Mは新しい担当保育士との間に非言語的なやり取りがみられるようになり，姉や他の保母，乳児院の仲間へと対人関係が広がった。また認知・人格・言語の回復が加速された。母親（養育者）とのコミュニケーションを通して愛着が形成されると，対人関係が広がり，言語や認知発達の機能的準備系になるのであろう。

5．FとMの言語発達の経過

二人の言語発達経過は以下の3点にまとめられる。

（1）二人は正常な言語を獲得しえたか

社会的相互交渉の手段である言語の外言的コミュニケーションの側面では予想外に速やかな発達をとげた。日常場面では他児と遜色はない。Fは会話の相手に応じて敬語を使いこなし標準語（東京方言）で話す。書きことばも問題ない。

（2）その言語獲得過程は普通児と同じプロセスを辿るか

Fにおいては喃語期～初語形成期（成人の模倣や語彙の般用）は観察されず，社会的言語習得期から開始された。きわめて短期間に社会的言語獲得が達成された。語彙の獲得速度や二語文開始時期が正常児に比べてかなり早い。言語についてかなりの潜在学習があったことがうかがわれる。Mは，意味不明のジャーゴンや錯音がきわめて多く，反響的反復と自発的発話の混在する初語形成期は長かった。しかし救出されて5カ月後の翌年4月に保母が交代し，それに伴い保母との間に愛着が形成されるようになってからは，社会的言語の順調な回復がなされるようになった。このことは言語獲得と愛着の成立とが機能的に関連していることを意味している。愛着は，子どもと非言語的コミュニケーション・ルーチン（Bower, 1977）を形成した大人との間の心理的絆を指している。分離不安の研究をメタ分析したところ，分離不安の低減と言語発達の対応関係が明らかになった（図⑥）。この知見から愛着は対人関係や言語獲得の先行条件となると推測される。

二人が最初に収容された乳児院の担当保育士と愛着関係を結び，その絆を土台にして母親との愛着の作り直しをすることができた。二人は，大人になり，社会人となり，家族をつくり，人の親になった今も，母親との交流は続いている。

（3）二人の言語的欠陥はどこにあるか

①音韻面｜Mには音韻面の遅滞が著しく，錯音（ツクル→クチュル）や発音不明瞭による意味不明語が後まで残存した。普通児に比べ，その期間はかなり長く，しかも，発声器官の未成熟に起因すると考えられる音量調節がうまくできず，場面に不相応に大声あるいは小声になるなどが見られた。

②文法能力｜FもMも受動文と能動文の変換や使役文などにおいて変換ルールが使えず，4歳レベルにも到達しなかった。そこで，変化部位を書くことによって自覚させるという学習プログラムを実施することによって，年齢並みの変換ルールを習得させることができた。

③内言機能｜ITPA（イリノイ式言語学習能力診断検査）や知能テストの結果から，二人とも記憶機能，連合機能，推理機能などが遅滞することと軌を一にして，文脈独

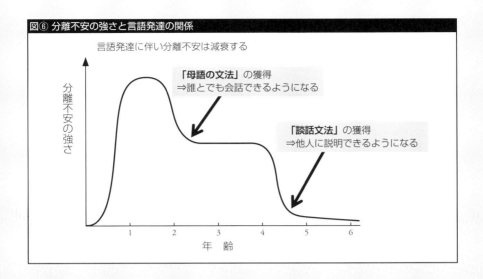

図⑥ 分離不安の強さと言語発達の関係

立の形式言語，思考言語としての内言機能が遅れていることが明らかになった。これらの傾向は WISC 知能テストにもあらわれ，動作性知能（PIQ）は 97（年齢並みは 100）と年齢並みだが，言語性知能（VIQ）が 50 とかなり低く，知能遅滞の範囲であった。しかし，図形認知課題を中心にしたレーヴンの SPM 知能テストで測定すると，M の知能偏差値は 50～60 と平均以上，F は 60～68 と優秀児レベルであった。

　二人の動作性知能値と言語性知能値の違い（ギャップ）が示唆するものは次の 3 点である。第一に，知能指数は，測定できた面のみを知らせてくれるものであること，第二に，知能あるいは知力とはきわめて多面的で豊かなポテンシャリティを有するものであること，第三に，知力は子どもが成育環境のモノやコトとかかわることを通して成長していくものであること。

　言語性の課題解決には時系列処理が使われるが，図形課題には同時処理（並列処理）が使われる。京都大学霊長類研究所の「アイプロジェクト」では，チンパンジーのアイやアユムは超短期記憶保持者であり，同時処理に長けている（松沢，2011）。F と M の二人の能力は，チンパンジーと人間の間に位置している。ことばがない類人猿は，環境を映像的に同時処理しながら環境に適応している。二人もことばがないため，5 歳，6 歳までは同時処理で環境に適応していたのかもしれない。

6. 言語・認知発達に依然として残る欠陥

　M では音韻面の遅滞が後まで残り発音の誤りが多く見られた。ITPA で測定

した言語学習年齢は二人とも歴年齢よりも3年半の遅れがみられ，成績のプロフィールの凸凹は加齢に応じて大きくなる。つまり，言語獲得を支える認知能力のうち，記憶機能，推理機能，連合機能は4歳レベルに留まっていた。特に，文の復唱や数字の順唱・逆唱で測定する「短期記憶範囲（認知的処理資源）」は狭小で，二人とも3単位であり，4歳児レベルにとどまっていた。これらの機能を回復させるためにさまざまな訓練を行ったが，回復させることはできなかった。

　短期記憶や，時間や場所に関係づけられた「エピソード記憶」は大脳辺縁系の海馬や扁桃体で営まれている。この部位は生後10カ月〜5歳にかけて成熟し，イメージが誕生するのと軌を一にして，情報処理の質的変化がおこる。この時期の認知発達の質的変化を「第一次認知革命」と呼ぶ。さらに5歳後半頃にはメタ認知機能やプラン機能，可逆的操作などが連携して働くようになり，認知発達上の変化，つまり「第二次認知革命」が起こり，認知発達は質的に変化する。さらに抽象的思考段階に入る9，10歳頃には「第三次認知革命」が起こる（図⑦）（内田，2017）。

　これらの認知発達の質的変化は，背景にある神経学的基盤の成熟段階と軌を一にしている。ルール学習や情報の入出力を担う前頭連合野の「ワーキングメモリー」は幼児期から青年期にかけて成熟する。虐待を受けた子どもたちの大脳辺縁系（海馬や扁桃体）やワーキングメモリーは栄養不給やストレスによって萎縮することが知られている。FとMは訓練によって短期記憶範囲を回復させることはできなかったところからみて，エピソード記憶や情報処理を司る大脳領野の成熟には「臨界期」があるのではないかと推測される（内田，1999；2017）。

　短期記憶のスパン（数の逆唱や文の復唱によって測定する）が常に3単位（4歳児レベル）に留まっているということは，彼らは連合学習や機械的な記憶が苦手であり，九九の暗唱や漢字書き取りのようなドリル学習に困難があることを意味している。これは学校の学習において，通常の子どもよりも多くの努力を要することから，本人たちの学習への動機づけがない場合には学習についていくことが困難である。補償教育チームの目標は，彼らにどうやって「やる気」を出させるか，学習への動機づけをもたせるかということであった。一方，日常の意味記憶，たとえば，修学旅行で訪れた地点やコース，料理の手順など，目的意識や快感情を伴う経験の記憶には全く欠陥は見られない。二人とも外言的コミュニケーションはほぼ完全に回復したが，内言あるいは形式言語の面の遅れや欠陥は大人になっても残存しつづけている。

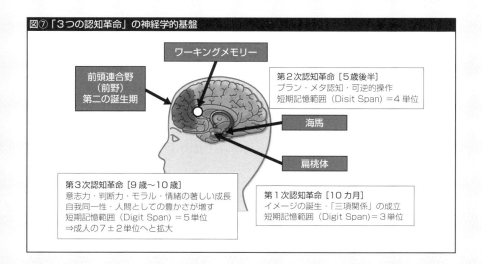

図⑦「3つの認知革命」の神経学的基盤

Ⅲ 子どもは変わる・大人も変わる──人間発達の可塑性

1. 二人の言語発達の違い

Fは初期から音韻面・意味面・文法面・コミュニケーション面のいずれについてもMに比べて優れており，回復ペースは速く順調だった。これにくらべ，Mはさまざまな面の遅滞が著しく，担当保育士との間に愛着を形成できなかった半年間は回復は足踏み状態に置かれていた。担当保育士が交代したことにより，Mは担当保育士になつき，外言的コミュニケーションの面が回復し，仲間や担当以外の大人との対人関係が成立するようになった。しかし二人の差は縮まらなかった。青年期に達しても，さまざまな面で二人の回復経過や到達度は異なっている。このような違いはなぜ生じたのであろうか。

2. 生物学的性差がもたらす違い

まず，二人の到達度の違いは性差によってもたらされたものと考えられる。男児は女児より「脆弱性（vulnerability）」が高い（Rutter, 1979）。同じ環境の剥奪を経験してもMのダメージの程度はFに比べて大きかったと推測される。また，物事の認識や解決能力，あるいは，言語の流暢さなどにおいて性差があることが知られている。得意分野の性差は脳の発生過程の性差と関連している。男性ホルモン（テストステロン）が分泌され，受胎後2カ月から男児の脳機能の成熟速度は女児よりも遅くなる。その結果，出生直後の大脳の成熟には性差がある（Geschwind & Galaburda, 1987）。これは，発声行動のコントロールが必要な時期に女

児の左脳が有利な準備状態にあることを意味している。女児の言語発達の方が早く、しばしば、発音が明瞭で話し方が流暢であるなどは、女児において言語野のある左脳の成熟の度合が進んでいるために生じたのかもしれない。この脳機能の成熟の性差がFとMの言語回復の差異に反映している可能性がある。

3. 対人関係への敏感性の違い——「物語型」か「図鑑型」か

Fは人間関係に敏感で、感情表現的な「物語型」であり、Mは物に興味が引かれる名称指示的な「図鑑型」である（内田・向井，2007）。まわりの人々に無関心で対人関係に無頓着なMと、人目を気にしてなかなか自分をストレートに表現できないFとの違いは、気質の違いをうかがわせるもので、この気質の違いは救出後の保育士との愛着形成の違いをもたらしたものと推測される。

4. 暦年齢の差がもたらす生活環境の違い

二人は暦年齢1年の差がある。Fの場合は母親から哺乳され、多少なりとも世話を受けた可能性がある。ところがMの方は、一層悪化した家計状況におかれ、母親も完全に育児放棄をしていたものと思われる。Fは最初期から保母や同輩との愛着を成立させた。Mは保母や同輩に無関心だった。この違いは収容前の二人の対人関係に差があったことを推測させる。

5. 二人ともまじめで努力家

就学猶予2年を経て小学校に入学してから、順調に中学、高校へ進学し、成績もしだいに上昇していく。青年期にはいってから、Fは自分自身の記憶能力の低さを認識し、それを克服するための努力をした。Mは中学の部活に打ち込み、よい成績を修める。温厚な性格もあって級友たちに支持され運動部の部長にも選出された。Fに比べれば自己の能力に楽観的ではあるが、自分が興味を持ったことがらには積極的に取り組もうとする。思春期以後の言語や認知発達を促進したのは自分自身を自覚的に内省し、自分自身を高めたいという動機づけの側面であったのである。

6. 青年期は「第二の誕生期」

二人の子どもが青年期で飛躍的に成長を遂げたのはなぜであろうか？　胎児の脳は神経細胞同士のネットワーク化によってシナップス（神経細胞同士の連結部）がつくられて新皮質の厚みが増し、さらに誕生後、無駄なシナップスは植木を剪定するように刈り込まれ、25歳頃までに薄くなっていく。ところが、青年期に再び大脳新皮質の前頭連合野にシナップスが形成され皮質の厚みが増し、さらに不要なシナップスが刈り込まれて皮質の厚みは薄化するのである（Gogtay, N. et al., 2004）。脳は青年期に第二の誕生期を迎える。大脳は神経系のネットワークを形成して新しい機能をもつことのできる自立的な機能的脳器官であるが、青年期

に意思や動機づけにより環境情報を制御し，新しい機能をもつことのできる機能的脳器官へと進化するのである。

7. FとMの物語の結末——ハッピーエンド

FとMは，多くの人々に支えられて，完全に社会復帰を果たした。二人とも社会人となり，結婚して，家族をつくり，Fは三人，Mは一人の親になった。

二人の救出の契機となった民生委員，児童相談所の職員，乳児院・養護施設の職員たち，二人の社会復帰のお手伝いをした補償教育プロジェクトチームの研究者たち（藤永保・斎賀久敬・春日喬・内田伸子），家庭教師として二人の補習学習を支援してくれたお茶の水女子大学の大学院生たち，保育園の保育士たち，小中高校の教師たち，その他，二人が成長過程で出会った人々が二人の社会復帰に手を貸した。ハッピーエンドという結末は，これら大勢の人々の心を込めた連携協働の賜物である。

この事例は，発達初期の5年・6年の養育放棄期間に失ったものがいかに大きいかを物語っている。これだけのコストを払わなければ「普通の」「並みの」大人にはなれないのである。同時に，普通の親が普通にやっている子育てという営みが，いかに豊かなものであるかも物語ってくれる。親は，子どもの成長に一喜一憂し，子どもが失敗したときはわがことのように悲しみ，成功したときはわがことのように歓び，子どもに寄り添う。このような日常の繰り返しの中で次世代が育っていくのである。

8. 人間発達の可塑性——生涯発達の視点に立って

現代社会は子どもたちにとっても，親にとっても厳しい時代である。しかし，この二人の事例は，人がいかに多くの潜在的な可能性を持ち，その開花のために何重ものガードに守られているか，自生的な成長の力が大きいかを教えてくれる。

乳幼児期の発達速度は，確かに人間の全生涯のうちで最も大きい。まわりのものやことについて一貫性ある世界をつくるのに，最も大切な時期であることも確かかもしれない。だが，発達を飛躍的に進める機会は青年期にもやってくる。おそらく人は，生涯を通じてさまざまな機会に，たとえ量的には乳幼児期に及ばなくても，質的には高くなる可能性をもっているのではあるまいか。

人は生涯発達し続ける存在である。発達の可塑性はきわめて大きい。育児放棄された子どもは親だけではなく，同胞，仲間，さらに近隣の人々，保育士や教師，さまざまなメディアを通しての人々との出会いと社会的なやり取りを通して，「人間化」への道を歩み，よりよき社会の構築の一端を担うことのできる，よき人へと成長し続けるのである。

文　献

Bower, T. G. R.（1977）. *A primer of infant development*. Freeman.（岡本夏木・野村庄吾・岩田純一・伊藤典子（訳）（1980）. 乳児期. ミネルヴァ書房.

Bowlby, J. （1969）. *Attachment and loss, Vol. 1 Attachment*. Basic Books.

Curtiss, S. （1977）. Genie: *A psycholinguistic study of a modern-day "Wild Child"*. Academic Press.

Curtiss, S., Fromkin, V., Krashen, S., Rigler, D., & Riger, M. （1974）. The linguistic development of Genie. *Language,* 50, 528-554.

Davis, K. （1940）. Extreme social isolation of a child. *American Journal of Sociology,* 45, 554-565.

Davis, K. （1947）. Final note on a case of extreme isolation. *American Journal of Sociology,* 52, 432-437.

Fromkin, V., Krashen, S., Curtiss, S., Rigler, D., & Rigler, M. （1974）. The development of language of Genie: A case of language acquisition beyond the "critical period". *Brain and Language,* 1, 81-107.

Freedman, D. A., & Brown, S. L. （1968）. On the role of coenesthetic stimulation in the development of psychic structure. *Psychoanalytic Quarterly,* 37, 418-438.

藤永保・斎賀久敬・春日喬・内田伸子（1987）. 人間発達と初期環境—初期環境の貧困に基づく発達遅滞児の長期追跡研究. 有斐閣.

Fujinaga, T., Kasuga, T., Uchida, N., & Saiga, T.（1990）. Long-term follow-up study of children: Developmentally retarded by early environmental deprivation. *Genetic, Social, and General Psychology Monographs,* 166, 39-104.

Geschwind, N., & Galaburda, A. M.（1987）. *Cerebral lateralization: Biological mechanisms, associations, and pathology*. The MIT Press.（品川嘉也（訳）（1990）. 右脳と左脳—天才はなぜ男に多いか. 東京化学同人）

久徳重守（1979）. 母原病. サンマーク出版.

Hopwood, N. J., & Becker, D. J. （1980）. Psychological dwarfism: Detection, evaluation, and management. In C. H. Kemp, A. W. Franklin, & C. Cooper （Eds.）, *The abused child in the family and in the community. Vol. I.*, Pergamon Press.

国立国語研究所（1977）. 幼児の文法能力. 東京書籍.

Koluchova, J. （1972）. Severe deprivation in twins: A case study. *Journal of Child Psychology and Psychiatry,* 13, 107-114.

Koluchova, J. （1976）. The further development of twins after severe and prolonged deprivation: A second report. *Journal of Child Psychology and Psychiatry,* 17, 181-188.

Lenneberg, E. H. （1967）. *Biological foundations of language*. John Wiley.（佐藤方哉・神尾昭雄（訳）（1974）. 言語の生物学的基礎. 大修館書店）

Mason, M. K. （1942）. Learning to speak after six and one-half years of silence. *Journal of Speech Disorders,* 7, 295-304.

Miller A. （1983）. *For your own good: Hidden cruelty in child-rearing and the roots of violence.* Farrar Straus Giroux.

Rosen, S. R., Hirschenfang, S., & Benton, J. G. （1967）. Aftermath of severe multiple deprivation in a young child: Clinical imprecation. *Perceptual and Motor Skills,* 24, 219-226.

Rutter, M. （1979）. Maternal deprivation, 1972-1978: New findings, new concepts, new approaches. *Child Development,* 50, 283-305.

内田伸子（1999）. 発達心理学—ことばの獲得と教育. 岩波書店.

内田伸子（2008）．幼児心理学への招待——子どもの世界づくり．サイエンス社．
内田伸子（2014）．子育てに「もう遅い」はありません．冨山房インターナショナル．
内田伸子（2017）．発達の心理——ことばの獲得と学び．サイエンス社．
Vygotsky L. S.（1932）．*Thought and Language*.（柴田義松（訳）（1967）．思考と言語：上・下．明治図書）

BOOK GUIDE

内田伸子（著）『子どもは変わる・大人も変わる——児童虐待からの再生』 お茶の水事業会，2012年｜発達心理学・脳科学の最新知見を踏まえて，ＦとＭの社会復帰の過程を描き出し，子ども主導の支援が実を結んだこと，再生の鍵は担当保育士との愛着であり，青年期に著しい成長を遂げたのは内省力——ことばで客観視する力であることをまとめた小冊子．

内田伸子（著）『発達の心理——ことばの獲得と学び』 サイエンス社，2017年｜ことばは子どもの未来を拓く．人間は，想像力，ことば，そして読み書き能力を手に入れた．人間は環境にあわせて自分を変えるだけではなく，自由意志を発揮して環境を変えることのできる唯一の種であることを解説した発達心理学への入門書．

内田伸子（うちだ・のぶこ）
お茶の水女子大学教授・文教育学部長，理事・副学長などを経て，現在，十文字学園理事・十文字学園女子大学特任教授，福岡女学院大学大学院客員教授，お茶の水女子大学名誉教授．専門は，発達心理学，言語心理学，認知科学，保育学．学術博士．
主な著書に『発達心理学：ことばの獲得と教育』（岩波書店，1999），『世界の子育て：貧困は超えられるか』（金子書房，2012），『発達の心理：ことばの獲得と学び』（サイエンス社，2017），『子どもの見ている世界：誕生から6歳までの「子育て・親育ち」』（春秋社，2017）ほか多数．またベネッセ「こどもちゃれんじ」の監修，しまじろうパペットの開発，NHK「おかあさんといっしょ」の番組開発，知育玩具の開発や監修のほか児童書の監修も多数ある．

家族の心理／変わる家族の新しいかたち

第Ⅳ部 家族の課題とその支援

第Ⅳ部　家族の課題とその支援

第7章　少年・家事事件の現状

町田隆司 Ryuji Machida

この章のねらい | 家庭裁判所は，非行を犯した少年の処遇を決める少年事件と，家庭内に生じた紛争を法的に解決する家事事件という，二つの領域を扱っている。これらの領域は法と心理臨床の交差点であるため，特殊な専門用語が多く，常に法と心理の両方の視点でケースを見なければならない。どちらか一方に偏ると，その弊害はケース対象者の不利益に直結する。たとえば，非行少年が立ち直りの機会を失ったり，離婚紛争に挟まれた子どもがつらい思いをしたりといった具合である。家庭裁判所の臨床は，家族心理学のまさに特殊な応用実践の場である。それゆえ，家族や社会の変化に，常にアンテナを張っていなければならないのも，その特徴である。

キーワード | 少年事件，適性な診断と処遇，家事事件，子をめぐる紛争，DV問題

I　はじめに

ロシアのある文豪の有名な言葉に,「幸福な家庭はどれも似たようなものだが，不幸な家庭はそれぞれに不幸である」がある。人は誰でも幸福を求めて人生を生きようとするが，どこかで歯車が狂うと，まさに「不幸な家庭」の「それぞれの不幸」を味わうことになる。たとえば，非行や犯罪に手を染めてしまったり，離婚や遺産相続を親族間で争ったりという具合である。不幸の原因が何であれ，不幸を幸福に変えるには個人の努力だけでは解決できないことが多く，さらに多くの者を不幸に巻き込んでしまうこともある。家庭裁判所は，このようなとき，司法サービスを提供することにより，その改善に一役を果たす国家機関である。筆者の感じるところ，家庭裁判所で扱うケースを語るのに，これほど相応しい言葉

はない。家庭裁判所には，犯罪を犯しまたは犯すおそれのある未成年者（非行少年）に対して調査と審判を行い，その処分を決める「少年事件」と，親族内の権利義務を明らかにして法律的な問題を解決したり，夫婦関係や親子関係の紛争を解決したりする「家事事件」という二つの部門がある。この章では，家庭裁判所が扱う少年事件と家事事件をご紹介しながら，家族と心理について考えることにしたい。

Ⅱ 少年事件

1. 少年非行の実際

（1）少年非行の特徴

かつて少年非行は，マスコミ報道で「低年齢凶悪化」「いじめ」「落ちこぼれ」「自己中心的」「ツッパリ」「遊び型非行」「いきなり型非行」「キレる」「心の闇」……といった言葉で形容され表現されてきた。その当時はまさに的を射た言葉もあったが，今ではすで風化して，あまり聞かれなくなった言葉もある。少年非行の特徴を表そうとしたこれらの言葉は，その時代の社会が少年非行に抱く不安の現れと言ってもいいであろう。時代の変化とともに，少年非行の実態も変化していることを忘れてはならない。

さて，少年による殺人などの重大凶悪事件が発生し，その報道を聞いていると，少年事件の件数は増えているかのような印象を受けてしまうが，実際はここ10年間，着実に減少している。図①にあるように，2015年（平成27年）に全国の家庭裁判所が新規に受理した少年事件の合計は94,889件で，これは10年前2005年のわずか40.1％でしかない。ちなみに，2015年の凶悪事件（統計上，殺人・強盗・強姦・放火の合計を指す）の新受件数は全国で411件，粗暴事件（傷害・暴行・恐喝・脅迫等の合計を指す）の新受件数は5,169件と，いずれも過去10年間で最も少ない数であった。

このように少年事件の件数が減少した原因はいろいろ考えられるが，第一は子どもの数の減少であり，第二は社会の意識変化であろうと言われている。特に後者については，小中学校の少人数教室化により落ちこぼれが減ったことや，「草食系」という言葉の流行でわかるように若者文化の質が変化したこと，反社会的集団への取り締まりが強化されたことなど，いろいろなものがあげられるようだ。

（2）少年非行の定義

ところで，ひと口に少年非行と言っても，まずその定義を厳密に定めておく

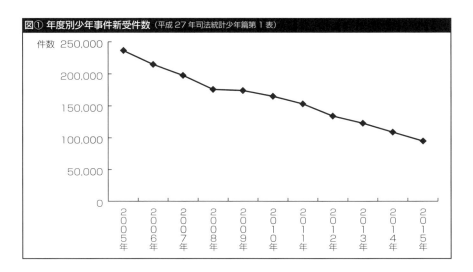

図① 年度別少年事件新受件数（平成27年司法統計少年篇第1表）

必要があろう。少年非行を扱う法律は「少年法」である。その目的は「少年の健全な育成を期し，非行のある少年に対して性格の矯正及び環境の調整に関する保護処分を行う（……）」（少年法第1条）と示されている。ここで，「少年」とは「成人に達していない者」で，現在は満20歳未満の者とされている（少年法第2条）が，これを18歳に引き下げる法改正が検討されている。いっぽう，刑罰法令を適用させる年齢は14歳以上と決められているため（刑法第41条），現在，家庭裁判所が扱う対象者は，原則として犯罪を犯した14歳以上20歳未満の少年となる。さらに，少年を保護するという見地から，14歳未満で刑罰法令に触れる行為をして児童相談所から送致を受けた場合や，犯罪に至らないまでも保護者の監護に服さず，家に寄りつかないなど，性格や環境から将来何か具体的な罪を犯すおそれがきわめて高い場合（これを「ぐ犯」と呼ぶ。「ぐ犯（虞犯）」とは「犯罪の虞」という意味である）も，その対象としている（少年法第3条）。非行少年とは，これらを総称した言葉である。成人は犯罪を犯していない段階で刑事裁判の対象となることはないが，少年の場合，その危険性がきわめて高ければ審判の対象となる点が特徴である。

次に確認しておく言葉は「犯罪」である。「犯罪」とは，法律（刑法及び特別法）や条例によって行うことが禁じられ，行うと刑罰が科されることとなっている行為を指している。刑法学上は，「犯罪構成要件に該当する違法で有責な行為」と定義されている。例えば，万引きは，窃盗（他人の財物を窃取する行為）の罪とされており，成人であれば「10年以下の懲役又は50万円以下の罰金に処す」とい

第Ⅳ部——家族の課題とその支援

う具合に，刑罰が定められている（刑法第235条）。万引きは決して遊びや悪戯ではない。

(3) 非行原因の分析

　少年が非行に陥る動機や原因は何だろうか。よく「家庭に問題がある」というが，実際はどうであろうか。まず，2010年（平成22年）に内閣府が行った調査研究から見てみよう。この調査は，一般少年9,983名と非行少年931名に，アンケート形式で，家族関係や友人関係・生活関係などさまざまな項目についての意識を尋ね比較したものである。この中で明らかな有意差が現れたのは，「親から愛されていないと感じる」「親から信用されていないと思う」「小さいとき親から暴力を振るわれた」等の項目で，非行少年はこれらを意識する割合が，一般少年よりも高かった。また，他にも交友関係の持ち方や，学校での勉学意欲などにも明らかな差が見られたという。これらから「非行少年は，親子関係が悪く，家庭や学校に居場所がないため，その不満を不良交友関係等で紛らわし，その結果非行に至る」という大まかな図式を読み解くことができる。

　では，実際に非行を起こした少年は，具体的な個々の事件の原因をどのように語っているのであろうか。万引きを例にあげてみよう。非行初期段階で捕まった少年に動機を聞くと，「欲しかったが，そのときお金がなかった」「お金を使うのがもったいなかった」といった内容を，罪障感とともに語ることが多い。初期段階の万引きは，衝動的かつ偶発的になされるが，指導されると収まるという点で，一時的一過的なものであることが多い。しかし，犯罪を重ねる累犯状態になると「理由はない。自然と手が動いた」「盗んで売れば儲かると思った」などのように変化してくる。大麻や危険ドラッグ・覚せい剤などの薬物非行になるとその違いは歴然としており，はじめは興味と好奇心で薬物に手を出すが，依存が進むと薬物を得ること自体が目的となり，自分だけでは薬物をやめられなくなる。その薬物を入手するためには，どんなことでもするようになり，発覚してもすぐにまた再犯をくり返してしまう。罪障感はなく，発覚するようなミスをしたことを後悔する程度になる。このように犯罪が習慣化し，自分自身では歯止めが効かなくなると「非行が進んだ」と表現される。

　しかし，ただ動機を問われても，少年自身はうまく答えられないこともあり，非行原因の探求は一筋縄ではいかないことが多い。近年，よく問題にされるのは，非行の背景に発達障害や精神疾患，児童虐待被害，そして家族問題（親の離婚・再婚など）等がある場合である。例えば，発達障害は，自閉症スペクトラム（広汎性発達障害など），学習障害，注意欠如多動症（AD/HD）などに分類されるが，

彼らは一般的に自分が他者からどう見られているのかという認識に乏しく，自分の興味関心を夢中に追い求めがちで，相手の表情や場の空気を読めずに行動してしまいやすい。そのため，衝動に抑えが効かず，思ったことに突き進み，非行に至ってしまう。例えば，携帯ゲームで遊んでいて，電池容量が低下したため，コンビニで店員の見ている前で充電器を万引きしたという少年もいた。以上のように，発達障害は非行の因子になりやすい。このような場合，非行を矯正するには，発達障害に対する手当ても同時に進行させる必要がある。非行は心理社会的な要因でのみ発生するのではなく，生物学的要因も考えておく必要があり，同様のことは，精神疾患を持つ子ども，虐待を受けて育った子ども，家族間の葛藤にさらされて育った子どもにも言うことができる。このように少年非行の原因を診断し，相応しい処遇を科すことにより非行からの立ち直りを支援する一連の取り組みを「非行臨床」と呼んでいる。

2. 少年審判

(1) 少年審判手続きの流れ

ここで，少年法で定められた少年事件の手続きがどのように進行していくのか，触れておこう。少年が犯罪を犯し，警察で取調べを受けると，その結果は検察庁を経由して，家庭裁判所に送致される。家庭裁判所では，家庭裁判所調査官による調査を経て少年審判が開かれ，処分が決められる。

まず，「調査」とは，家庭裁判所調査官が心理学・社会学・教育学などの専門的知識を活かして少年や保護者に面接し，「犯罪事実」と「要保護性（再犯危険性）」を分析し，処遇意見を裁判官に報告することである。すなわち，前者（犯罪事実調査）は非行メカニズムの分析をとおして犯罪内容を評価することであり，後者（要保護性調査）は少年の反省の様子や，環境・性格行動傾向等から少年の再犯危険性を評価することである。特に後者の具体的に調査対象となるのは，少年の生い立ち・家族関係・学校や職場での状況・性格行動傾向等であり，心理テスト等を駆使することもある。ただし，犯罪事実と要保護性といっても，相互に影響しあうものであり，独立して考えるものではない。

次に，「審判」とは，罪を犯した少年に過ちを自覚させ，更生させることを目的として，裁判官が，非行事実の確認の上，非行内容や個々の問題性に応じた適正な処分を決定する裁判手続である。そのため，少年法は，審判手続を原則非公開とするとともに，審判の進め方について，「懇切を旨として，和やかに行うとともに，非行のある少年に対し自己の非行について内省を促すものとしなければならない」（少年法第 22 条）と定めている。先ほどの万引きの例でいうと，家裁係

属が初めてで，被害弁償され，少年に十分反省の様子があれば，あまり重い処分とする必要はない。常習性がなければ，違法性や責任性が少なく，犯罪事実内容は軽いと評価されるからである。このような場合，教育的措置（後述）をして軽い扱いとするのが通常である。しかし，常習的にくり返された万引きで，被害弁償がなされず，規範遵守意識や反省が乏しい場合は，今後も万引き再犯の危険性が高いと合理的に説明できるので，何らかの厳しい処分とせざるをえなくなる。場合によっては，少年の逃走防止と心身鑑別（少年鑑別所の法務技官（心理）が心理検査と面接を中心に少年の性格特性・経歴・人格などから少年の矯正方針を立てる作業）のため，少年を審判までの間，原則4週間以内，少年鑑別所に一時的に収容することもある。

　ここで「軽い扱い」「厳しい処分」と書いたが，もう少し具体的に述べると，下記のようになる。図②を参照されたい。家庭裁判所は，犯罪事実内容が軽く，要保護性も低い少年に対しては，審判を開かずに家庭裁判所調査官の調査のみで審理を終了させ（審判不開始），また審判を開いても説諭にとどめて処分せずに終結させている（不処分）。図②を見てもわかるとおり，全国の家庭裁判所に係属する事件の半分以上58.5％が，審判不開始または不処分で終結している。しかし，犯罪内容が重く，再犯危険性がうかがえる場合は，保護観察決定や少年院送致となる。さらに，殺人など犯罪事実内容が非常に重大で，保護処分による矯正可能性が期待できない場合，または保護処分とするよりは成人の刑事裁判を受けさせ，成人と同様に罰金や懲役刑としたほうがよい場合は，検察官送致となる。検察官送致となると，年齢的には少年であっても，地方裁判所で公判手続を受け，事案によっては裁判員裁判となり，懲役刑や罰金刑を受けることもある。検察官送致は統計的に年長少年の交通違反が多い。

（2）被害者感情の反映

　犯罪の動機原因を探ることは非行分析の基本であり，少年の生い立ちや家族関係交友関係などから要保護性を探求することは要保護性調査の基本だが，処遇に犯罪被害者の感情を加味することも，非行臨床の大事な点である。ここで，少し犯罪被害者への配慮を考えてみたい。

　大麻や覚せい剤といった薬物非行等を除き，犯罪には全て被害者が存在する。被害者感情を除外して少年審判を考えることはできない。しかし，近代国家は国が犯罪者への刑罰権を独占しており，犯罪被害者は刑事裁判の当事者にはならない。犯罪被害者は，十分な被害弁償を受けられないことが多く，たとえ受けたとしても，犯罪被害の苦痛が長く尾を引くことがある。そこで，犯罪被害者に配慮

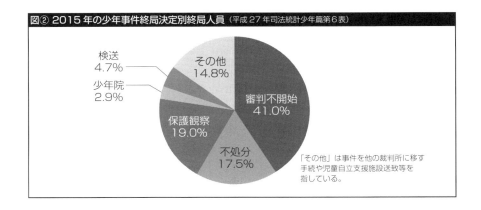

図② 2015年の少年事件終局決定別終局人員（平成27年司法統計少年篇第6表）

する施策が必要ということになり，2004年（平成16年）犯罪被害者基本法が制定され，犯罪被害者に損害回復・経済的支援等への取り組み（犯罪被害給付制度や心理療法費用の負担軽減など）や精神的・身体的被害の回復・防止への取り組み（学校内カウンセリングの充実など），刑事裁判手続への関与・拡充への取り組み（裁判手続等に関する情報提供など）が行われるようになった。少年事件に関して言うと，2008年（平成20年）の少年法改正で，被害者の事件記録の閲覧・謄写，被害者意見の聴取，故意の犯罪行為により被害者を死傷させた罪や過失致死傷等の罪での被害者の審判傍聴，申し出た被害者への審判状況の説明が定められた。従前と比べると，現在は被害者感情が少年審判に反映されるように変化した。

(3) 適切な分析と適切な処遇

被害者への配慮のみならず，ここ数年，少年法自体もいろいろな改正があった。例えば，2007（平成19）年には少年院送致の年齢下限が「14歳以上」から「おおむね12歳以上」に引き下げられ，2008年には犯罪被害者への配慮から，被害者感情が処遇判断の参考にされるなどの改正があった。これらの改正は，一般によく「厳罰化」と表現されている。厳罰化は，少年に処罰に対する恐怖を意識させ，非行を思い止まらせるという意味で，社会安全に寄与する。しかし，長期的な視点に立つと，闇雲な厳罰は処遇に不満を持つ者の再非行を招きやすく，かえって非行事件数を増やしかねない。結果的に，矯正の予算枠を超過する事態ともなってしまう。厳罰化がかえって事件を増やすとしたら，非行臨床において皮肉な結論である。やはり，適切な分析に基づいた適切な処遇をすることが重要となる。

アンドリュースとボンタ（Andrews & Bonta）は，1990年代に，「ただ厳格に刑罰

を適用するだけでは，犯罪抑止にならない。科学的根拠のもと，被疑者（少年）に相応しい社会復帰に向けた処遇を考えるべきである。そのためには，どのような再犯リスクがあるかを診断し（Risk），再犯を誘発する要因のどこに焦点をあて（Needs），少年の反応予測をふまえてどのような処遇を選択するか（Responsivity）というRNR原則を考慮すべきである」という見解を発表した。ただ収容して社会から一定時間隔離すれば済むのではなく，少年の問題に即した，社会復帰のための処遇をするという発想は，当たり前ながら斬新であった。アンドリュースとボンタらは膨大なデータから，①反社会的態度，②反社会的人格，③反社会的認知，④反社会的交友関係，⑤家庭状況，⑥就学就職状況，⑦余暇の過ごし方，⑧薬物依存の程度といった項目を抽出して分析し（これら①～⑧を「セントラルエイト」という），再犯率からリスク判定因子となるものを抽出し，統計的根拠のもとチェック項目化していった。現在では，リスク・アセスメントとして幅広く研究されている（ボンタ，2012；森丈ら，2016）。

このRNR原則という考え方は日本にも導入され，例えば，法務省矯正局が作成した法務省式ケースアセスメントツール（MJCA）に反映されている。これは少年鑑別所に入所中の少年に対し，鑑別所の法務技官（心理）が心理検査や少年面接により，少年の再非行可能性と教育必要性を定量的に鑑別する指標である。内容は非公開だが，更新をくり返すことにより，精度を高めていくことが期待されている。このようなツールを使うことにより，現在はその少年に相応しい診断がなされるように取り組まれている。

（4）診断と処遇の背景となる理論

次の問題は，どのような理論に基づいて，その少年の非行性に応じた処遇を科すかである。これは非行診断と処遇を結びつける理論の問題である。適切な診断をしたとしても，適切な理論に基づいた処遇に結びつけなければ，その場しのぎの対応になりかねない。つまり「この少年にはこのような問題があり，それにはこのような解決が必要である」というコアの部分がなければ，せっかくの診断が活かされない。そこで，古来，精神分析学や家族療法，認知行動療法などの分野の考え方を応用した少年の理解が試みられてきた。以下にその考え方の概略をご紹介しよう。

精神分析学は，19世紀末から20世紀はじめにかけて，フロイト（S. Freud）が創始したもので，神経症等の精神疾患の原因を無意識の葛藤によるものと考え，自由連想という技法によりそれを意識化することにより治療していくものである。ここで神経症という言葉を非行に置き換えると，非行臨床に応用できる。つ

まり,「非行の原因には,少年自身も気づいていない無意識的な葛藤がある。それを言語化し意識化することにより,非行を治療する」という考え方である。フロイトの後継者ヒーリー（W. Healy）やアイヒホルン（A. Aichhorn），さらにはウィニコット（D. W. Winnicott）などが,精神分析を非行臨床に応用した開拓者として有名である。ここで,万引きを常習的にくり返す少年がいたと仮定してみよう。「万引きの反復は,実際にその商品が欲しくて行われるとは限らない。自分の心の中の欠けているものを補おうとする無意識的な行動である」と考えるのが,精神分析的な理解である。少年が幼少時から満たされなかったものは何だろうか。例えば,「母親の愛情」であろうか。過去の親子関係が現在に何らかの影響を及ぼしているのだろうか。だとすれば,その欠けているものを発見し,それを補うように働きかけ,少年がその事実に気づけば,自ずと万引きはおさまるということになる。

家族療法にもいろいろな考え方があるが,例えば,構造派家族療法（ミニューチン（S. Minuchin）など）が有名である。個人の病理は,家族の構造上の問題,すなわち家族メンバーが織りなす家族力動の反映だと考え,その家族力動を図示しつつ,面接室の中でそれを再現してもらい,ワンウェイ・ミラーで観察しながら助言し,家族構造に変化が起きるように働きかけていく治療である。非行は,少年ひとりの責任に帰せられるのではなく,家族全体が織りなした「ほころび」であるとすれば,家族全体の協力のもと,その人間関係を改善していくという考えは,非常に有用である。先ほどの万引きを例にあげると,例えば「万引きの反復は,家族の関心を自分に惹きつけようとした行為であり,家族の少年無視にも問題がある」と考えるのが,家族療法的な理解である。父親母親そして少年のきょうだいに,少年と会話場面を再現してもらい,少年が万引きに込めた家族への怒りを家族が理解し,それが少年に伝われば,自ずと万引きはおさまるとなる。

最後に認知行動療法をあげる。「認知」とは言語化された思考である。観察可能な意識的な思考に焦点を置き,不適切な行動は不適切な認知の結果によるものと考えていく。認知に重点を置く認知療法（ベック（A. T. Beck））や,行動主義的な考え方を中心とするもの,さらに今の瞬間的な認知を受け入れることを主眼とするマインドフルネス認知行動療法などさまざまな考え方がある。不適切な認知をわかりやすく数値化して示し,それを修正すれば,結果である行動も改善されると考える。先の万引きでいうと,例えば「万引きの反復は,誰もがやっていることでたいしたことではないというような,誤った認知に基づく」と考えるのが,認知行動療法的な理解となる。そうであれば,少年の誤った認知を修正し,

適切な認知に置き換える再教育が，万引きの抑止につながるとなる。

3. 非行を犯した少年の処遇

(1) 家庭裁判所による教育的措置

少年審判では，非行を犯した少年に適正な非行分析と要保護性診断を行い，理論考察のもと，処遇指針を立てる。ここではその処遇についてご紹介する。

家庭裁判所でも，比較的軽微な非行の少年を中心に，調査や審判の際に，教育的な働きかけを行い，非行の償いをさせて，再犯抑止をはかっている。これを教育的措置と呼ぶ。例えば，反省文や誓約書，謝罪文を書かせたり，被害弁償を指示したり，裁判手続を説明し訓戒したりなどである。被害者の苦痛を少年に考えさせるだけでも，かなり再犯抑止効果がある。他にも，バイクの無免許運転がいかに危険かを示したDVDを視聴させる，公園清掃活動などの社会奉仕活動をさせる，ハローワークに行かせ就労を支援するなど，いろいろな工夫がなされている。少年事件の半数以上が審判不開始または不処分で終結しているが，以上のような教育的な働きかけにより再犯抑止をはかっているのであって，単に少年に甘い扱いをしているわけではない。また，家庭裁判所に係属した際，すぐに審判で結論を出すのではなく，処分を保留し数カ月間，経過を観察したうえで結論を出したほうがいい場合もある。これを試験的に経過観察するという意味で「試験観察」という。試験観察としたうえで，上記のような教育的措置を導入し，定期的な継続面接を行うなかで精神分析や家族療法，認知行動療法に基づいた関与を

COLUMUN | 最近の処遇にあたっての課題

最近，問題とされている課題は，事件減少傾向の中にある再犯者率の増加である。警察庁生活安全局少年課がまとめた「平成27年中における少年の補導及び保護の概況」によると，年度ごとに事件数が減少していくとともに，刑法犯再犯者の数も減ってきていることがわかる。しかし，刑法犯全体に占める再犯者の割合（再犯者率）は年々微増を続けている。2015年（平成27年）は，統計のある1972年以降で，最も高い36.4％になったという。司法統計で，一般保護事件における前処分ありの割合は，警視庁統計よりもやや高い38〜43％で横ばい推移している。これらの数字は何を意味しているのであろうか。既述したように，家裁の教育的措置や，保護観察所・少年院の個別的取り組みなど，各機関は再非行抑止の取り組みをしている。しかし，非行が進化すると，立ち直りは想像以上に難しいのであろう。本来，再犯者率が下がってこそ，処遇が機能していることになるからである。

したりすることにより，非行性改善を図る取り組みもなされている。

(2) 保護観察

保護観察とは，家庭裁判所の決定に基づき，社会内で，非行少年の更生と社会復帰を援助するケースワーク的措置であり，少年は一定期間，原則として月2回程度，担当保護司のもとに通い，その指導を受ける。また，保護観察の中には，通常の保護観察以外に，交通保護観察，一般短期保護観察（約6〜7カ月間）や交通短期保護観察（約3〜4カ月間）という分類もある。保護観察では，事前に定められた約束（遵守事項）を少年が守っているかどうかを確認していく。例えば，共犯者と交友しないこと，まじめに仕事を継続することなどである。保護司を統括しているのが保護観察官であり，所管する機関が保護観察所である。また，保護観察では，他にも社会貢献活動や類型別専門処遇（性犯罪者処遇プログラム，暴力防止プログラム，薬物再乱用防止プログラム等），就労支援指導，生活環境調整などが取り組まれている。社会貢献活動とは，罪の償いとしてボランティア活動をさせるものであり，類型別専門処遇とは，例えば，薬物非行においては，依存性薬物の悪影響と依存性を認識させ，依存性薬物を乱用するに至った自己の問題性について理解させるとともに，再び依存性薬物を乱用しないようにするための措置である。保護観察官はこれらプログラムを駆使し，教育的に指導にあたっている。

(3) 少年院送致

少年院とは，家庭裁判所の決定に基づき，施設内で，少年に矯正教育を受けさせる機関である。通常の収容期間はおよそ1年間だが，短期間（約6カ月）や特別短期間（約4カ月）のほか，比較的長期間，相当長期間といった期間を選択することもある。また，矯正教育内容についても，第1種少年院（犯罪傾向のある通常の少年を収容），第2種少年院（犯罪傾向の進んだ少年を収容），第3種少年院（心身に著しい障害がある少年を収容），第4種少年院（少年院において刑の執行を受ける者を収容）に分かれている。各少年院は，家庭裁判所で少年院送致決定のあった少年を受け入れると，個別に，生活指導，教科教育指導，職業指導などに沿った処遇計画を作成し，その少年にふさわしい矯正教育を行っている。少年の年齢や能力，志向に応じて，農耕作業や木工作業，土木作業などの職業訓練を受けさせたり，義務教育や高等教育課程の教育を受けさせたりしている。なかには危険物取扱者などの資格取得や，ワープロ検定などの受験ができるところもある。少年院はこれらにより，少年の社会復帰をはかっている。

Ⅱ 家事事件

1. 家事事件の特徴

(1) 家事事件の種類

　家庭裁判所で扱う「家事事件」には，まず，親族内の権利義務を明らかにして法律的な問題を解決する「家事審判」部門がある。この代表的なものには，例えば，成年後見や失踪宣告，養子縁組，相続放棄などがあり，対立する関係当事者がいないため，裁判官が当事者の主張を審理し，認容や却下などの法律的判断をしている。なかには，児童虐待が客観的に明らかであるにもかかわらず，児童相談所が児童を施設入所させようとしても親が同意しないとき，家裁が入所可否の判断をするという審判（児童福祉法第28条審判）もある。

　次に，家族内に対立当事者がいて紛争状態となっているため，話し合いによって紛争解決を求める「家事調停」部門がある。代表的なものに，夫婦関係調整の調停（離婚調停）がある。当事者双方が調停に出席して調停委員を介して話し合い，離婚するにしろ円満同居するにしろ，合意ができれば調停成立となる。しかし，合意できなかった場合は，それでいったん終わりとなり，それでも離婚を求めたいときには，離婚訴訟を提起してもらうことになる。離婚訴訟は「人事訴訟」の一種で，訴訟という枠の中で，裁判官が離婚可否や離婚条件などを判断する。さらにまた，未成年者の養育費請求や親権者変更，子の引渡，面会交流，遺産分割などは，当事者同士の合意で解決できれば望ましいので，最初は調停を行うことになっている（調停前置主義）が，調停不成立になると，裁判官が審判によりそれを判断する仕組みになっている。

　以上のように，家庭裁判所で扱う家事事件には，実に多種多彩なものがあるが，ここでは，離婚調停や離婚後の子をめぐる紛争を中心的に紹介しながら，家族と心理の問題を考えていくことにする。

(2) 離婚の実情と離婚調停

　日本では，婚姻が当事者双方の合意で成立するように，離婚も当事者双方の合意で成立する。協議離婚とは，当事者双方が署名押印した離婚届を戸籍役場に提出することによる離婚方法である。手軽であるため，日本では離婚の約9割が協議離婚である。協議がうまくいかない場合，家庭裁判所の調停を利用することになる。厚生労働省の統計によると，平成27年の1年間に結婚した夫婦は635,156組であるのに対し，離婚は226,215組であった。あくまでも数字のうえにすぎないが，統計からすると夫婦の3組に1組は離婚していることになる。ま

た，全国の家庭裁判所で扱った婚姻中の夫婦の事件（離婚調停等）は，ここ数年間，約4～6万件で推移しており，2015年は全国で48,773件であった（司法統計家事篇第2表）。

　ところで，調停とは，調停委員と裁判官が紛争下にある当事者個々の主張を聴き，妥協点をあっせんすることにより，合意をはかる裁判手続の一種である。調停委員とは，紛争解決のための専門的な知識や経験を持つ者が任命される非常勤国家公務員である。通常，調停委員2名と裁判官1名で調停委員会を構成し，個々の調停にあたる。調停委員会は，どちらの当事者の言い分が正しいかを決めるのではなく，当事者と一緒に紛争の実状に合った解決策を考えていく。具体的に言うと，当事者双方の言い分や気持ちを十分に聴きながら，1～2カ月間隔の周期で調停を開き，対立した項目を一つひとつ調整して調停を進めていく。当事者は，争うのではなく，相手の立場や考えを尊重しながら，妥協をはかるのが原則である。また，必要に応じて，家庭裁判所調査官が当事者の主張を整理したり，子どもの状況を調査調整したりして，調停をサポートしている。

　例えば，夫婦と3歳の子から成る家族で，妻が夫の不貞行為を理由に，離婚を主張した場合を考えてみよう。妻は夫に対し，夫の許されざる行動で家庭を破壊されたと受け止め，離婚と3歳の子どもの親権を得ること，月額7万円の養育費，相当額の慰謝料を払ってほしいと主張。夫は不貞を認め，離婚と子どもの親権を妻に委ねるところまでは合意したとしても，養育費は月額5万円しか出せず，慰謝料は払えないと主張したと仮定してみよう。調停委員会は，双方それぞれに主張理由を聴くのはもちろんだが，争点の養育費と慰謝料がどのくらいであれば，夫にとって負担にならず，妻にとっても納得できるかという合理的な金額を検討する。現在は，当事者双方の収入をもとに，妥当な養育費金額を一覧表にした「算定表」も用意されている。調停案を双方に提示し，双方が合意すれば調停成立となる。合意するか否かはその当事者の自主性に委ねられており，裁判所側が強要するものではない。合意成立となれば，養育費や慰謝料支払い義務は，確定判決と同じ効力を持つ義務となり，夫が支払いを怠ると，妻は夫の給料等の差押えができる。

　しかし，人間はときに感情に振り回され，自分が損をするとわかっていながら意地を張ったり，不合理な選択をしたりすることがある。この例でいうと，仮に調停委員会が養育費に月額6万円，慰謝料50万円をあっせんしても，妻が「そんな金額では足りない」と主張し，夫が「そんな金額は出せない」と主張する場合がある。最終的に合意できなければ，離婚調停は不成立となり，既述した

ように、それでも離婚を求める場合は、どちらかが離婚訴訟を提起することにより、訴訟という枠の中で、裁判官が離婚可否と離婚条件を判断することになる。

以上のように、調停は、調停委員会が双方の主張を聞いたうえで妥協案をあっせんするが、それを受け入れて合意するか否かは、当事者双方の自主性に任されているのがその特徴である。事件種別にもよるが、成立に至るまでの平均調停回数は3～4回のことが多い。成立となる調停の割合は、およそ4割台から5割台である。

(3) 近年の調停傾向

統計的に調停件数の変化を見ると、離婚調停件数は2002年以来、緩やかに減少している。しかし、質的には年々複雑困難化していると言われ、当事者双方に中間点的な妥協を求めるだけでは、合意を形成しにくいことが多くなった。権利意識の高まりとともに、相手の主張や証拠資料、調査官の調査報告書等の開示を求め、専門家（弁護士や医師、臨床心理士等）の意見を求める当事者も増えた。例えば、離婚調停で子どもの親権が争点になったとき、双方それぞれが「相手に子を委ねるのは子の福祉に反する。自分が育ててこそ子に利益がある」と主張する例が増えてきた。養育費や財産分与など金銭が争点であれば解決方法がありうるが、子どもが争点になると、少子化できょうだいのいない子どもが増えているだけに、紛争が激化しやすい。

厚生労働省の統計によると、2015年（平成27年）に離婚した夫婦のうち、未成年の子がいた夫婦は132,166組（離婚夫婦全体の58.4％）、子どもの数にすると229,030人であったという。小中学校のクラスの中には、親の離婚を経験した生徒が1人以上いてもおかしくないのである。親の離婚を経験する子ども全てが葛藤にさらされているわけではないが、この数字は非常に多いと言っていいであろう（3章参照）。

ところで、相手の主張を聞いて自分の主張を考え作戦を考えるのは、当事者の正当な権利である。むしろ、双方が折れ合う妥協という美名のもと、納得できないまま合意するほうが問題である。そこで、家事事件手続をより利用しやすく、現代社会の要請に合致した形式とするため、旧来の法律を大幅に改正した「家事事件手続法」が、2013（平成25）年施行された。その主な改正点は、複雑な諸規定を整理し、曖昧だった部分を明文化し、一部用語を改め、手続きの透明化と当事者の権利の保障、そして公平・中立化をはかったこととされている。具体例をあげると、調停の開始前に申立書写しを相手方に送付するとしたことや、当事者の提出資料や調査官の調査報告書を原則として閲覧謄写可能としたことなど

があげられる。かつて、調停の相手方は、今まで申立人が何を申立ててきたかはわかっても、具体的にどのような条件を主張してきたかは調停当日までわからなかったが、現在は、調停日時を連絡する郵便に、DV等の特殊な場合を除き、申立人の主張の写しが同封されることになっている。また、遠隔地居住の当事者のためにテレビ会議や電話会議による調停も使えることとなった。これは、遺産分割など当事者が遠隔地に居住し、調停に出頭しにくい事件等に利用されている。

3. 子どもをめぐる紛争
(1) 子をめぐる紛争とはどのようなものか

夫婦間の金銭トラブルは、その金額と支払い方法を調整すると解決することが多いが、子どもをめぐる争いは一筋縄では解決しないことが多い。子どもをめぐる争いとは、「離婚調停（における子の親権や監護権の指定）」「（離婚後の）親権や監護権の変更」「（非監護親と子との）面会交流」「子の引渡」などである。かつて戦前の「家」制度の時代においては、離婚紛争が生じると、母親がひとり実家に戻るというのが通常で、以後は母子関係も途絶えるのが普通であった。なぜなら、子は「家」のものであり、実家に戻る母親のものではないからである。「家」には祖父母や未婚の叔父叔母もいて、たいてい子育てには困らなかった。戦後、「家」制度が廃止され、核家族化が進むと、「子には母親が必要」という考えのもと、母親に親権監護権が与えられることが多くなった。しかし、時代を経るに従い、子どもとって真に必要な福祉的環境とは何かが議論されるようになり、杓子定規に母親に軍配をあげる考え方に、疑問が投げかけられるようになった。

現在では、子の発達状況に応じた福祉的な環境を、どちらが優位に提供できるかという観点から、調停や審判を進めるようになっている。また、結果的に子どもを育てないこととなった親（非監護親）であっても、子どもとの関係が遮断されるわけではない。定期的に子どもと非監護親が面会し交流しあうことによって、子の福祉を満たすことが望ましいとされている。

では、子どもをめぐる争いが裁判所に係属したとき、実際、どのようにすれば子の福祉が満たされる方向に調整できるだろうか。かつては、離婚紛争で子どもの親権等が争点になったとしても、「子を親の紛争に巻き込むのは望ましくない」という観点から、子の意向を直接調停に持ち込むのは、当事者も裁判所も消極的だった。子どもを、親の選択という忠誠葛藤に追い込み、精神的負担をかけるからである。その結果、解決は夫婦自身に委ねられ、子どもは長く蚊帳の外におかれていた。しかし、子どもからすると、自分がどちらに育てられるのか、監護親はどうなるのか、非監護親と会うことができるのかは、重要な問題である。そこ

で，何らかの形で，子どもの意思や心情に配慮すべきであるという意見が，主流を占めるようになった。この背景には，「児童の権利条約」（1989年制定，1994年に日本も批准）の第3条「児童の最善の利益」や，第12条「児童の意見表明権」がある。

（2） 紛争下で子どもはどう感じるか

　離婚紛争等に遭遇した子どもが，両親に抱く思いはさまざまである。暴言暴力等から解放された安心感や喜びを語ることもあるが，親への怒りや恨み，親を裏切った罪障感，後悔，喪失感，被虐待感などを語ることもある。子どもの多くは，表面上，平静を装っても，なかには家庭内外に不適応反応（家庭内暴力，不登校や非行，勉学の放棄，過剰適応等）を起こしたり，神経症や精神病様の状態に陥ったりすることもある。「離婚」における子どもの体験は，親の予想と大きく異なることがある。特に，子どもの年齢が低いほど，親の喪失に子は自責的になりやすく，その反動として和合ファンタジーを持ちやすいと言われている。筆者が担当したある子どもは，「私が悪い子だから，神様がお父さん（お母さん）を取り上げました。これからは良い子になります。お父さん（お母さん）を返してください」と話していた。また，別の子は「私が早く大きくなって，お父さん（お母さん）に心配をかけないようにしますから，許してください」と涙ながら話していた。このようになると，子どもの心の傷はなかなか消えない。ところが，紛争下にある当事者は，これら子どもの反応を全面的に相手の責任ととらえ，相手への非難に拍車をかけることも多く，なかなか解決は難しい。

（3） 子どもが争点になった場合の着目点

　子をめぐる紛争（親権の争いや面会交流の争い）の解決のためには，「子どもにとって少ない負担のもと，最大限に子の意向（心情）を把握し，いかに子の福祉をふまえた紛争解決に結びつけるか」が問題になる。そのポイントは，事案や子の年齢によっても異なるが，一般に子が小さいうちは子の心情や生活状況を考慮した解決を考え，子が年長になるにつれ子の意思を尊重することになっている。実際，子が15歳以上の場合は子の陳述を聞くこととされている。では，具体的に何を考慮して解決すればよいだろうか。通常は，以下の6点が子どもをめぐる紛争の着目点とされている。それは，①子側の母性的父性的養育の必要性と親側の提供可能性（子が幼ければ幼いほど，母性的養育を提供する者の存在は重要であり，年長になるにしたがい，父性的養育が必要となる。子がどの程度それらを必要とし，当事者それぞれがどの程度それらを提供できるかという問題である），②不当な連れ去りの問題視（夫婦不和となった際，話合いを全くせず，一方的に子どもを連れ出すのは不適切である），

③監護環境の継続性の重視（子に連続した安定した監護環境を提供するのは重要。子の年齢も考慮に入れつつ，子が混乱しない配慮が必要である），④子の監護状況の比較（監護親側の実際の監護状況と，非監護親が子を引き取った場合に想定される監護状況の比較検討をする），⑤今後想定される面会交流の可能性，そして⑥子の意向である。これらは家庭裁判所調査官が慎重に調査している。

ところで，婚姻時は共同親権だが，離婚となると親のどちらかいっぽうが「親権者」となり，もういっぽうは「親権者ではない親」となる。「親権」とは，親として，子の監護権や教育権，財産管理権，法律行為を代行する権利などを含む権利義務の総体である。離婚により「親権者でない親」になると，原則として，子に対して監護養育等をする権利がなくなると同時に義務もなくなるが，「親である身分」を失うわけではない。父母は事情があって離婚することとなっても，「親権者でない親」は，本来，子どもと定期的な交流をしながら，子を励まし，成長を見守り，進学時などには資金的援助をするなど，子どもを支えるもう一つの柱になることが期待されている。ただ，親権を失うと，子どもとの関係が永久に遮断されるのではないかと誤解している人が多い。また，親権者からすると，子どもを非親権者に会わせると，非親権者が子どもを連れ去るのではないか，子どもにおかしなことを吹き込むのではないかという不安を抱くことも多い。これら誤解や不安は，紛争をこじらせ増大させる原因にもなっている。

(4) 子どもが争点になった際の解決方法，面会交流

既述したように，親同士は離婚で他人に戻ったとしても，親子関係は離婚しても切れない。そこで，調停では，子を育てない親（非監護親）になったとしても，できるだけ子とのつながり（面会交流）を維持するようにと助言している。しかし，実際に面会交流をどのように定めるかとなると，当事者の思いが衝突し，なかなか合意に至らないことがある。その解決方法をご紹介すると，およそ次の三つがあげられる。

第一の方法は，家庭裁判所内にある児童面接室で試験的な面会を行うものである。裁判所内で試験的に会うことで，非監護親は会うときの配慮などを学び，監護親には会わせる不安等を拭ってもらうのが目的である。児童面接室には，子どもと非監護親が一緒に遊べるように，ぬいぐるみや玩具類が用意されている。その交流の様子を，マジックミラー越しに別室から監護親に観察してもらうこともある。あくまでも試験的な面接であるため，連続して多数回行うことはできない。筆者の経験だが，今まで非監護親を「子育てに非協力的」と非難していた監護親が，児童面接室での子煩悩な非監護親の姿を見て，定期的な面会交流に応じ

ることで調停合意したケースもあった。

　第二は、面会交流を仲介する第三者機関を利用する方法である。例えば、当事者に第三者機関（FPIC（家庭問題情報センター）など）と契約してもらい、面会交流時にその機関の職員に立ち会ってもらう。費用がかかるのが難点だが、専門家である職員が子どもの負担や精神状態等に配慮しながら面会交流を行うので、非監護親の連れ去りの心配がなく、安全で確実な方法であるといえよう。

　第三は、子にとって負担にならないよう、面会交流時間の頻度や時間を調整する方法である。例えば、面会時間を短くしたうえ頻度を減らすことや、場合によっては、ある一定期間、直接交流ではなく、子どもの成績表の写しや写真・手紙などを交換しあうだけ（これを間接交流という）に止めることもある。特に子が幼少の場合や背景にDVがあった場合など、子の精神的負担は予想以上に大きく、後々まで影響が及ぶことがあるだけに、慎重な配慮が必要だからである。

　また、紛争が激化してくると、監護親は「子どもが非監護親に会うこと自体、自分には受け入れられない」と述べ、非監護親も「監護親は子どもを会わせたくないから、難癖をつけている」と述べるなど、感情的になることがある。そこで、子の心情や生活に対する配慮を失うことがないように、家裁調査官が「親ガイダンス」を行っている家庭裁判所もある。また、中には非監護親と子どもを会わせないほうがよいと判断される場合もある。例えば、子どもが非監護親から虐待を受けた場合や、子が非監護親を強く拒む場合、子が乳幼児のため監護者の協力が

COLUMUN | 面会交流や子の引渡が実行されないとき（強制執行）

　調停合意や審判決定、判決などで、面会交流の権利が確定したにもかかわらず、それでもなお、非監護親にとって子どもに会えないような事態が起きることもある。監護親にも理由があるのかもしれないが、調停合意等が画餅になっては意味がない。会う権利のある者は、会わせる義務のある者に対して、「その義務に応じなければ制裁金を払え」と主張することができる（これを間接強制という）。一種のペナルティを課すことにより、心理的に義務の履行を促す効果がある。また、子の引渡の権利が確定したにもかかわらず、それが実行されないときは、権利のある者の申立てにより、執行官が監護者宅に訪問し、その子どもを引き取り、近くで待機している権利のある者に引き渡すという強制執行（これを直接強制という）ができる。以上のように、決められた義務は無視して済むものではない。

得られない場合など，面会交流をすると子の福祉を害する事態が想定される場合である。実際具体的にどのような事態が考えられるか，否定理由が合理的か否かは，事案ごとに慎重に検討する必要があろう。

4. DV問題

ここで，近年の離婚調停でよく話題になるDV問題について，簡単に紹介する。離婚調停で離婚を主張する理由や，面会交流で子を相手に会わせたくない理由等に，相手のDVがあがることが多い。DV（Domestic Violence）とは，「配偶者や交際相手等の親密な関係にある者，又は親密な関係にあった者から振るわれる暴力」のことで，身体的暴力のみならず，性的暴力（意に反する性行為の強要等）・精神的暴力（無視や罵声などの精神的苦痛等）・経済的暴力（生活費の不当な制限等）・社会的暴力（外出制限や交友関係の介入等）がある。DVというと身体的暴力だけを連想しやすいが，実際は多彩な形態があることを，忘れてはならない。2014年（平成26年）の内閣府の調査結果では，5人に1人が配偶者から被害を受けたことがあるというデータが報告されている。この数字は，DVが普遍的かつ深刻な問題であることを，意味しているといえよう。

当事者がDVに悩み裁判所にその解決を求めるとき，解決には二つの方法がある。一つは，地方裁判所の「DV防止法」（正式名称は「配偶者からの暴力の防止及び被害者の保護に関する法律」）に基づいた「保護命令」であり，もう一つは家庭裁判所の「家事事件手続法」「人事訴訟法」に基づいた「離婚調停」「離婚訴訟」である。前者（保護命令）は，DV被害者が地方裁判所に，①接近禁止命令（6カ月間つきまとい等を禁止する），②退去命令（2カ月間家から退去する），③電話やメール等を禁止する命令を出してもらうよう訴えるものである。被害者の提訴で，さらに暴力が発生する可能性がある場合，加害者の反論を聞かずに保護命令を出すこともでき，加害者が保護命令に違反したときは，刑事罰を科すこともできるとされている。そのいっぽう「離婚調停」や「離婚訴訟」は，男女関係を清算してDV問題を解決する手段である。調停にしろ訴訟にしろ迅速な結論というわけにいかないのが難点だが，根本からの解決につながる。

ところで，DVはなぜ生じるのであろうか。加害者の直接的な加害動機は「子をめぐる教育観の違い」「金銭上のトラブル」などさまざまだが，「些細なこと」として加害者も被害者自身も原因を自覚していないことがある。一般的に加害者心理の背景には配偶者に対する劣等感や特権意識，自己中心性，支配優越感，独占欲，愛情と虐待の混乱，心理操作，発言と行動の矛盾，否認・事実を軽くみせかけようとする心理など，いろいろなものが隠れているといわれる。教育や躾と

いう具合に暴力を正当化していることもある。中には子ども時代に親のDVを見て育ち，DVを無意識的にくり返す世代間連鎖のようなケースもある。また，外見的に人当たりが温厚であるため，周囲から「（あの人が）暴力をふるうはずがない」と思われていることも多い。

しかし，子どもを含めDV被害者からすると，被害は深刻である。被害者の呈する精神症状も一般に複雑で，例えば，うつ，トラウマ反応（PTSD），不安と消耗（疲労），身体的不定愁訴，薬物やアルコールの乱用，対人関係上の問題，認知のゆがみなどの症状を示すことがあり，それが重度の場合は精神科的な治療を要することもある。特に加害者が子どもに及ぼす危険性は個人差が大きく，過去の身体的暴力の回数や程度だけでは判断できない（Bancroft & Silverman, 2002/2004）。今まで，被害者は，経済生活や子どもの養育・家族関係などへの配慮から，「自分さえ我慢すれば……」と自己犠牲的な感覚を持つことが多かった。しかし，最近は，配偶者暴力相談支援センターなどの相談機関や相談電話，シェルター等が整備されたため，かつてと比べると我慢で終わることは少なくなった。この点は喜ばしいことである。ただし，最近は自己の離婚条件を優位に運ぶため，DV被害を悪意のもと「でっちあげて」申告する当事者もいると聞く。事実が実際はどうなのか，慎重に見極める必要があろう。

Ⅳ　おわりに

家庭裁判所における少年事件と家事事件の現状，およびそれを扱う家庭裁判所の活動を紹介した。この章の冒頭で，人はいろいろな理由から不幸に歩んでしまい，他者をその不幸に巻き込んでしまうことがあると述べた。不幸は最小限にとどめ，早期に幸福に転換できれば，それに越したことはないが，なかなかうまくいかないのが常である。家庭裁判所は，少年事件であれば少年に適正な非行分析のもと，適正な処遇を行うことによって再犯を抑止することにより，家事事件であれば家庭内紛争を早期に解決して，そのしわ寄せが子らにできるだけ及ばないようにすることにより，その不幸が最小限になるように配慮している。少年事件にしろ家事事件にしろ，今後も事件数の減少傾向が続くのであれば，世の中が幸福に向かって動いている証である。できれば，この傾向が続き，家庭裁判所の業務が暇になることが望ましい。しかし，人間は欲をコントロールするのが不得手な生きものである。不幸の誘い手とわかっていながら，その誘惑に負けてしまう。それをくり返す運命にあるのかもしれない。

文　献

内閣府（2010）．第 4 回非行原因に関する総合的研究調査．[http://www8.cao.go.jp/youth/kenkyu/hikou4/pdf_index.htm]

Bonta, J.（染田恵監訳）（2012）．日本の犯罪者の社会内処遇制度における RNR 原則の有効性．更生保護学研究, 1, 43-56.

森丈弓・高橋哲・大渕憲一（2016）．再犯防止に効果的な矯正処遇の条件．心理学研究, 87 (4), 325-333.

厚生労働省（2017）．平成 29 年我が国の人口動態（平成 27 年までの動向）．[http://www.mhlw.go.jp/toukei/list/dl/81-1a2.pdf]

内閣府男女共同参画局（2015）．男女間における暴力に関する調査報告書．[http://www.gender.go.jp/policy/no_violence/e-vaw/chousa/h26_boryoku_cyousa.html]

Bancroft, L., Silverman, J. G.（2002）．*The batterer as parent: Addressing the impact of domestic violence on family dynamics*. Sage.（幾島幸子（訳）（2004）．DV にさらされる子どもたち―加害者としての親が家族に及ぼす影響．金剛出版）

BOOK GUIDE

廣井亮一（編）『家裁調査官が見た現代の非行と家族――司法臨床の現場から』創元社，2015 年｜家庭裁判所で扱われる少年事件や家事事件を，2 名の大学研究者と 13 名の現役家裁調査官が論考した．少年非行の各類型と時代的変遷，いろいろな家事事件の特徴とその扱いの実情，さらにそこから垣間見える現代社会の諸相について述べられている．

生島浩・岡本吉生・廣井亮一（編）『非行臨床の新潮流――リスクアセスメントと処遇の実際』金剛出版，2011 年｜少年非行は今までとかく「理解しがたい」といった言葉で片づけられがちだったが，再非行抑止のためには，そのリハビリテーション機能や的確なリスク・マネジメント機能が重要である．本書は，編著者のほか 10 名の研究者や実務臨床家が，まさに非行臨床の新潮流を解き明かそうとしたものである．非行臨床を考えるには，重要な著作である．

棚瀬一代『離婚と子ども――心理臨床家の視点から』創元社，2007 年｜両親の離婚紛争に巻き込まれた子どもがどのような影響を受けるかを，詳細に研究した著作である．離婚後の日本と米国の比較，米国の離婚調停，高葛藤離婚家族の特徴などが触れられている．棚瀬先生は 2014 年にご逝去された．

（まちだ・りゅうじ／横浜家庭裁判所）

第Ⅳ部　家族の課題とその支援

第8章　子ども虐待と被虐待児(者)の心理

野口洋一　Yoichi Noguchi

この章のねらい | 本章は，子ども虐待について，虐待が生じる要因，すなわち親の問題と，その親の下で虐待被害を受けて育つ子どもの心理と発達を概説する。いずれも歴史的に多数の論点と見解があるが，臨床の現場で心理カウンセリングを行う立場からこれらを検討し，述べていく。それは虐待の起こる家庭とそうでない家庭の違いを明らかにし，親子関係の本質的な営みとは何か，に答えることでもある。

キーワード | 子ども虐待，愛着関係，軽度知的能力障害，
　　　　　　反応性アタッチメント障害，産後うつ・育児不安

I　子ども虐待問題に対する視点

　虐待被害を受けた子どもの心理を推し量ることは，容易ではない。大きな誤解をしていることに気づくことも難しい。それは彼らに与えられた環境が，想像の範疇を越えているからである。彼らは，親からの虐待という「異常な」環境におかれ，一人，心身の生存をかけて対応を迫られている。そこで直面する発達論的課題や身に付ける適応の方略は，「普通の」家庭で育つ子のそれとは，まったく異なるものとなる。

　そこで彼らの言動は，しばしば社会集団の中でズレをきたし，周囲に誤解され，適応は一層困難となる。それは子が依って立つ心理発達の土台の違いから生じている。その違いとは，母親が子の安全基地となり得ているか否か，その成否である。

　母親が安全基地となる。それは，恐怖を感じると母親に近づき，身を寄せる子。それを「大丈夫だよ」と抱き受けて子に安心を与える母。その両者が織りなす，ごくあたりまえの相互関係である。心理発達理論はこのような普通の母子関

係を前提にして作られている。

しかしながら，被虐待児とその母親には，このあたりまえの相互関係が成立していない。例えば，母親は子の感情に適切な応答を返さない。子の痛みや飢えを放置するばかりか，時にはそれらが意図されて加えられる。それらを論しても，母親都合の事情だけが話される。こうした母親が子に向ける言動は一方的で，子の心身発達のニードは関知されず，満足することはない。これらが慢性化，長期化しているのが虐待環境なのである。こうした虐待環境を生き延びる子どもたちは，安心を知らないまま恐怖や不安を一人で我慢し，どう生きていったらよいか，常に自問自答して正解を探している。

被虐待児（者）には，もはや「子どもらしさ」や定型的な心理発達モデルを当てはめて考えることはできない。その心理を理解するには，第一に，虐待の異常性，すなわち普通の家庭では虐待は決して起こらない，ということを理解する必要がある。その上で，被虐待児（者）は，その異常な環境におかれてどう心理的生存をはかるのか，その代償にどんな心理的な問題を生起させるのか，通常の心理発達との違いを明らかにする。

なお，本章では主たる養護者を「母親」と表記して論を進める。

Ⅱ 虐待する親とその要因

1. 虐待の定義と判定基準

児童虐待防止法は，虐待を四つに定義しているが，それは親の行為態様による類型化である（表①）。ここで大きな問題になるのは，その親の行為が実際に虐待に当たるかどうか，それを分ける判断基準である。例えば身体的な虐待には「殴る」行為が例示されているが，それがあればすべて虐待とは限らない。虐待を決する一線はどこにあるのか。

数多くの虐待困難事例をスーパーバイズする精神科医の高橋（2014；2015）は，虐待の判定基準は，①そのエピソードの継続性または異常性の有無，②それを行う母親の心理状態の評価，の二つにある，としている。継続性とは，それが長期にわたるものかどうかを問う判断基準で，虐待と認定するには数カ月以上の継続性を求めている。時に親は子にカッとなって，つい暴力を振るってしまうこともありうる。しかし正常な親は，数カ月にわたって繰り返すことはなく，一度の暴力エピソードは虐待とは区別される。

一方，異常性とは，ただ一度の行為であっても虐待を疑わねばならない，その

表① 虐待の定義と例

虐待の類型	法律に定義される虐待の行為様態	厚生労働省による例
身体的虐待	児童の身体に外傷が生じ、又は生じるおそれのある暴行を加えること。	殴る、蹴る、投げ落とす、激しく揺さぶる、やけどを負わせる、溺れさせる、首を絞める、縄などにより一室に拘束する。
性的虐待	児童にわいせつな行為をすること又は児童をしてわいせつな行為をさせること。	子どもへの性的行為、性的行為を見せる、性器を触る又は触らせる、ポルノグラフィの被写体にする。
ネグレクト	児童の心身の正常な発達を妨げるような著しい減食又は長時間の放置、保護者以外の同居人による前二号又は次号に掲げる行為と同様の行為の放置その他の保護者としての監護を著しく怠ること。	家に閉じ込める、食事を与えない、ひどく不潔にする、自動車の中に放置する、重い病気になっても病院に連れて行かない
心理的虐待	児童に対する著しい暴言又は著しく拒絶的な対応、児童が同居する家庭における配偶者に対する暴力、その他の児童に著しい心理的外傷を与える言動を行うこと。	言葉による脅し、無視、兄弟間での差別的扱い、子どもの目の前で家族に対して暴力をふるう

行為の性質を問う判断基準である。例えば金槌で子の頭を殴るという行為は、この異常性を持つ。正常な親はいくらカッとしても、このような行為には及ばない。以上、この2点に虐待とそうでないもの、異常と正常を区別する一線がある。

さらに高橋は、その行為および心理状態を評価して、子との愛着関係の有無を判別して総合的な評価を下す、という。これは虐待する要因にかかわるもので、後述する。

2. 虐待する親の研究概観

児童虐待は、C・H・ケンプらの調査と報告(『被虐待児症候群 Battered-Child Syndrome』、Kempe, et al., 1962)により、それが例外とは言えないほど多発するものである、と社会的に認識されるようになり、以降、精神医学から社会学に至る幅広い立場から、虐待の要因が研究されている。

これらを概観すると、虐待の要因は、①人格・心理的特徴、②精神障害の有無、③社会的環境、④生育歴(自らの被虐待体験の有無)、の4点から議論され、いずれも主因を心因に求めるものになっている。

①については、歴史は古く、I・F・ブロキントン(Brockington, 1996=2003)によれば、19世紀後半には子を嫌い、拒絶する母親の症例検討が見られる。そして

ケンプ以降は虐待する親の心理研究として多数の報告がある。現在，これらの親に共通する人格像は見出せていないが，依存性，受動性，衝動性，未熟性，攻撃性，子への不適切な期待，子に対する被害的な認知，低い自己評価などの心理傾向が抽出されている。そしてこれらの心理は，親の子どもへの病的な反応であり，母性の情緒的発展過程（愛着形成）の障害と見なされるようになった。

②については，虐待する親の精神疾患罹患率は，調査によって10％から50％までばらつくが，罹患率の高い診断は「うつ病」であり，器質的精神疾患（重度の精神病）は10％以下と少ない点が諸調査に共通している。この結果，虐待の狭義の精神疾患との関連性は限定的で，うつ病とは強く関連している，という見解が一致している。

③については，社会的な孤立，転職，転居，失業など経済的困難。離婚，別居，不仲など不安定な婚姻関係。さらに子が未熟児，知的・身体障害があるなど育てにくい，という事例が多く，これらも虐待の環境要因であり，うつ病の原因ともなっていると指摘されている。

④については，虐待が親子2世代に渡って生じる現象が，虐待介入が始まった当初から認識されてきた。この現象が「虐待された子は自分の子を虐待する」という世代間連鎖説となって，この検証が今日まで虐待研究の中心的な座を占めている。その結果は，現在，虐待再生率は30％程度と見做され，この仮説が支持されるものになっている。またその伝達機序は，精神分析，社会学習理論などその時代の影響力が強い立場から解釈されてきた。これらの経過から世代間連鎖説が広く信じられるようになり，現在，母子保健の現場においても虐待防止と介入の基本的な視点となっている。これについてはさらに後述する。

3. 「普通の」母子と愛着関係

以上，今日の虐待理論は，親の心因とその世代間連鎖という二つの心因説で成立していることがわかる。しかしながら，①から④で抽出された複数の心因は，どれ一つとってもそれがあれば虐待が起こる，という決定因になっていないことが研究者を悩ませている。それは，虐待が連鎖しているケースと，そうでない大半のケースとの違いを解明できないでいる理由でもある。この点を説明するのに「一つひとつの要因は言わば危険因子に過ぎず，複数の危険因子が絡み合って虐待は生ずる」という相互作用モデルが採られている（Belsky, 1993など）。「子ども虐待の手引き」（厚生労働省）における「虐待のリスク要因」もこの考え方に沿って掲げられている。

しかしながら，この考え方は虐待の機序を説明するものとしては曖昧で，目の

前の虐待問題を見るのに確かな拠り所を与えてくれない。この点，これら心因説に対して高橋が説く虐待の原因論は，非常に明解である。それは「愛着関係の不成立」に求められている。以下，高橋の見解を続けるが，その前に再び愛着関係について言及しなければならない。

　愛着関係とは，先に述べた当たり前の母子相互関係である。この関係によって，子の不安や恐怖は安心に変えられる。このような愛着関係は，子の情緒を読み取り応答できる，という親の側の条件があって初めて成立する。母親が赤ん坊を育児する姿を見ると，絶え間なく赤ん坊の表情を注視し，その泣き声に耳を傾けているのがわかる。そして母親はこれらを読み取って応答し，子の表情からそれが正しかったかどうかを確認していく。赤ん坊は母親の応答に満足して微笑み，気に入らなければ泣き声を大きくして自分の欲求を伝えていく。この絶え間ない交流は母親が子の喜怒哀楽を理解し，それをわがこととして共感できるからこそ成立している。こうして愛着関係を作る母親にとって，子の痛みはわが痛みである。子に痛みがあれば，その痛みを和らげようとせずにはいられない。すなわち，子の安全基地となる普通の母親からは虐待は生まれようがない。

4. 虐待と愛着関係の不成立

　しかし，愛着関係が成立しない場合はどうだろうか。母子の心理的交流は成立せず，子の情緒は母親に共感されずに見捨てられている。この愛着関係不成立による母子の心理的交流の欠如を，高橋は「心理的ネグレクト」と呼んで，虐待の真の原因としている。母子に心の交流が成立せず，母親が子の痛みに共感できないからこそ虐待は生じるのである。

　法に定められる四つの虐待は，「目に見える」虐待である。しかし心理的ネグレクトは，「目に見えない」虐待であり，四つの虐待の基底を成しているといえる。この点，心理的ネグレクトは，四つの虐待がなくても虐待被害の本質を決定するものである。

　では何故，虐待する母親は子と愛着関係が作れないのか。この問いに高橋は母親に愛着関係を成立させるために必要な能力が不足していると答え，第一に，心因ではなく母親が軽度の知的問題（軽度知的能力障害・境界知能）を持つ場合が多いことを指摘している。

　子の情緒を読み取り，応答する能力とは，実は知的能力である。精神障害の診断基準として国際的に広く用いられているDSM-5（『精神障害の診断基準と統計マニュアル第5版』，APA, 2013）は，この知的能力を，①実用的領域（日常生活行動），②概念的領域（読み書き算盤，課題の遂行のための目標の設定や手続きの策定），③社会

的領域（社会的判断や他者との相互関係の形成・維持）と3領域に分類している。育児はこれらあらゆる領域の技能が求められるが，愛着関係を形成するには，特に社会的領域という最も高い知能が求められている。

DSM-5 によると，この領域における軽度知的能力障害の徴候として，対人的相互反応の未熟性，例えば他者の社会的合図の理解や解釈の困難，年齢相応の情動や行動の制御の困難，危険な状況の理解の困難や未熟な社会判断などを挙げている。これらは，虐待する親の心理的特徴に見事に一致している。この点，高橋（2015）は，厚生労働省「子ども虐待による死亡事例」報告書（第3次～第10次）から実母の心理的・精神的問題の統計分析を行い，虐待死に至った実母に軽度知的能力障害を示す徴候が有意に見られると結論している。

高橋は，被虐待体験を持つ母にも言及し，母親の知能が正常であれば，虐待に至ることは稀なこと，心的外傷のために子を心理的に圧迫してしまい，自責感から自分は子を虐待している，と訴えることが多いこと，そしてそれが虐待に誤解されやすいことを指摘している。自責感は母子愛着関係の表れであり，虐待の心理と一線を画している。つまり母親の心理状態から，子どもとの愛着関係の有無を評価し，それによって虐待と虐待に見える行為を質的に判別する必要があるのである。

Ⅲ 被虐待児（者）の心理と発達

1. 被虐待児と，成人となった被虐待者への視点

さてそれでは愛着関係を持てなかった被虐待児は，どんな心理状態におかれるのか。その影響を受け，後年，どんな心理発達を遂げて大人になるのか。

被虐待児については，虐待被害に対応する疾患概念が近年成立しており，これを次項で検討する。しかし成人となった被虐待児（以降，被虐待者）については，包括的診断概念は未成立である。そもそも被虐待者が呈する症状は非常に多彩であり，自らの被虐待体験を否認する傾向を持つため幼少期の虐待被害が見逃されやすい。また現症が幼少期の体験とどう関連するか，解釈する立場もさまざまで，今日に至ってなお，被虐待者への視点は定まっていない。

しかしこうしたなか，虐待被害の捉え方として有力視される見解がある。それは，心的外傷理論を拡げて，虐待被害を心的外傷のスペクトラムとして捉える立場である。そこには，①性的虐待被害のある女性が，成人になって PTSD 様の症状を好発する，②子ども時代の心的外傷が，後年発症する解離性障害と関連す

る，などの報告が多数におよび，虐待被害と成人の外傷的症状との関連性が明らかになったという背景がある。

子ども虐待被害は，単一性限局性外傷であるPTSDと比較して，長期反復性外傷である点に大きな相違点がある。それゆえ，この立場から子ども虐待被害に対して「複雑性PTSD」，「発達トラウマ障害」など新たな診断名が提唱され，虐待被害を包括的に捉えようと試みられている。

2. 被虐待児の心理——反応性アタッチメント障害と脱抑制型対人交流障害

この動向に呼応するかのように，DSM-5は，①「反応性アタッチメント障害」，②「脱抑制型対人交流障害」という診断基準を設け「心的外傷およびストレス因関連障害群」に位置づけた上で被虐待児の症状を記述した。これらは従前「反応性愛着障害」と呼ばれ，「幼児期，小児期，または青年期に初めて診断される障害」に分類されて，虐待被害とは関連づけられていなかったものである。これがDSM-5への改訂で，初めて虐待被害（「社会的ネグレクトまたは剥奪」等）を原因とする診断概念が基準化されたことになる。それでは，この二つの診断概念を参照しながら，被虐待児の心理を述べていく。

①「反応性アタッチメント障害」には，計七つの診断基準があるが，主要な徴候を記述しているのは次のABCの三つである。基準Aは，子が苦痛を感じているときに示す，大人の養育者に対する特徴的な行動で（1）安楽を求めない，（2）安楽に反応しないことである。これは，被虐待児が苦痛なときでも人に助けを求めない，という徴候であり，（1）は痛いときにも痛いと訴えず，（2）は人から助けを差し出されてもそれを受け取らない心理が示されている。

基準Bは，子の対人関係上の特徴で，（1）関わりを最小限にして自分の心を見せない，（2）肯定的な感情を示さない，（3）大人の養育者に威嚇されていないのに，説明できない苛立ち，悲しみ，恐怖が見られることである。これは被虐待児が一人苦痛を堪え，人に対して距離を保つという徴候であり，（1）人に近づかず自分の気持ちを見せない，（2）特に喜びのような肯定的な感情を表さない，（3）大人が優しくしても，恐怖や苦痛が解けない被虐児の姿が示されている。

基準Cは，その子が置かれていた虐待環境を指し示すもので，（1）安楽や愛情を欲する子の欲求のネグレクト，（2）養育者の頻回の変更，（3）その他愛着関係の成立しない普通でない状況が挙げられている。これは，いずれも母子の愛着関係が成立しない環境の存在がABの原因となること，すなわちこれが被虐児の症状であることを明確にしている。

②「脱抑制型対人交流障害」も①と同様，主要な徴候として三つの基準が示さ

れている。基準Aは，子の大人への対人関係様式の特徴である。それは反応性愛着障害とは真逆の，大人への積極的な接近行動である。それは（1）見慣れない大人に対して近づくことにためらいがないか，少ない。（2）過度に馴れ馴れしい言動を見せる。（3）その一方で，大人の養育者が離れても振り返らないことである。これはどんな大人にも近づく交流様式で，（1）人見知りがない，（2）さらにどんな大人にもベタベタくっつくが，（3）その大人と離れても反応しない被虐待児の姿である。これらには，どんな大人にも合わせ，ご機嫌をとって従う被虐待児の態度が表れている。

基準Bには，Aの行動様式には，ADHDの衝動性に限定されず，社会的な脱抑制行動を含むことが銘記され，基準Cについては，①と同一の要件が求められている。

以上，これらの診断概念には，普通の子とはまったく異なる二つの被虐待児の対人様式が示されている。一つは，人前で感情表現を抑制し（特に喜びなどの肯定的感情），他者に対して距離を保つ態度。もう一つは，どんな相手にも八方美人となって相手を不機嫌にさせない態度である。これらは対照的ではあるが，苦痛や恐怖を一人で我慢し，誰に対しても助けを求めない心理が共通している。すなわち，この二つには被虐待児が身につける2種類の適応方略が示されていると言える。普通の子は母親に愛着を求め，安心を得て社会性と適応様式を教わって心理発達を遂げていく。これに対して被虐待児は，①愛着への希求を封じて不安や恐怖を一人で抑え，②社会への対処法を独習しなければならないのである。

3. 被虐待児の不適応問題

ここで銘記すべきは，この二つの子どもの愛着障害は，一見するとADHDにも似た，異常な社会的行動が出現して，集団適応に問題が生じ，発達障害に誤診されやすいことである。この点，DSM-5は発達障害との鑑別点を特に示してその注意を促している。その鑑別の要点は，じっくり被虐待児と交流を図ると，そこに相互関係性が生じてくることである。その機会を持てた被虐待児は，その相互関係から社会化が促される。発達障害と誤診されやすいのは，未だその段階に至っていない場合である。

被虐待者は，初めて教室に入った瞬間を「その場に放り込まれて何をどうしたらよいかまったくわからなかった」とその不安と恐怖を思い起こす。人との交流様式を教わっていない彼らは，不登校など集団的不適応やいじめ被害に遭いやすい。そして幼少期からすでに頭痛，不眠，食欲不振などの身体症状，自傷行為，希死念慮，強迫症状や離人感などの精神症状を呈することが稀ではない。し

かし発達障害ではない彼らは，その大半が小学校高学年になる頃には，社会適応様式を学校生活から学び，その症状への自己治療を覚えていくことになる。

被虐待児は，こうして人に甘えない，頼らない，助けを求めない，厳しい規律を内在化させて成長する。愛着を得られなかった彼らは，脱愛着期（反抗期）としての思春期を経ることなく成人へと発達を遂げるのである。

4. 虐待環境からの生存者

ジュディス・ハーマン（Herman, 1992）は，被虐待者を「生存者 survivor」と呼び，虐待からの心理的生存を果たすために，次の心理的防衛手段を駆使しているという。①親を変えることはできないので虐待の事実を否認，抑制，解離することによって，「虐待はなかった」と心の中の現実を変える。②虐待という現実を回避できなくなると「自分が悪いからだ」と親の虐待を正当化する意味体系を作り上げる。③過覚醒状態に自分をおいて，虐待者に精密な波長合わせを行って生きる。

この指摘の通り，親を否定して生きられる子はいない。被虐待者は，正にここに特別な苦労を抱えている。ハーマンの指摘を愛着関係から検討すると，愛着の応答を求めても得られなかった彼らは，親ではなく自分を否定し「人に求めてはいけない」「欲を出してはいけない」と愛着への希求を自ら封じ，禁欲的な規範を子ども時代に内在化していると言える。これが被虐待者の生存をかけた絶対の掟となり，自分の欲求を抑え，他者の意向を読み取る，という対人関係様式をもたらすことになる。

これは前項の診断概念に見た「安楽を求めない」「本心を人に見せない」「人に距離をとるか，合わせる」という心理と軌を一にしている。これらは成人しても解けずに残り，人生に緊張を与え，途切れることがない。

これらの根深い恐怖や不安は多様な症状，例えば身体症状，重度うつ病，解離などの精神症状や自傷行為をもたらす。中でも解離は，被虐待者に特徴的な症状である。これは自我同一性の一次的な破綻とされる，「自分が自分でなくなってしまう」病的体験である。これには，意識や感覚の変性，健忘，現実感の喪失や疎隔感，四肢の麻痺や失声などの運動不全，いわゆる「多重人格」など多様な表現型がある。

さて，このような厳しい規範を身に付けた被虐待者は，上記症状の他，ライフイベントによって被りやすい問題がある。就労では，①燃え尽き症候群とハラスメント被害。結婚においては，②ドメスティック・バイオレンス被害（以下DV）。出産・育児では，③産後うつ，育児不安などである。

①燃え尽き症候群は，満足という報酬がなく際限のない頑張りが招く全身消

耗感である。

②ハラスメントやDV被害は，一度被害に遭うと「自分が悪く，我慢が足りない」と考える傾向から，しばしば自分に我慢を強いる相手から離れられず，重症化してしまう。これと同じ心理は配偶者選択にも働いており，優しく自分を受け入れてくれそうな相手に出会うと恐くなり，自分に我慢を強いる相手をパートナーとして選択することが多い。被虐待者は，甘えることが恐く，安楽（幸福）が見つかるとそれを自ら遠ざけてしまうのである。なぜなら一度甘えを知り，愛着を求めてしまうようになると，もう二度と我慢がきかなくなると感じ，生きていけなくなる恐れが生じるからである。

③さらにこの心理は，産後うつや育児不安にも通じている。それは「子がかわいいと思えない」「甘えてくる子が恐い」という心理と，子育ての仕方がわからない不安と緊張である。それは自分が与えられなかった愛着を子に与えなければならない葛藤であり，子の愛着行動が孤立して生きてきた母親を脅かす。そして「子を愛せない」「自分は子を虐待しているのではないか」とわが子の将来を案じ，しばしば自分で虐待相談窓口を訪れるのである。ここには，前述した一線を越えて虐待する母親とはまったく異なる心理がある。それは子の痛みの理解と母親としての自責感であり，それがわが子との愛着関係を成立させている。

さて，このような虐待被害に苦しむ母親は，虐待の世代間連鎖説が言うようにわが子への虐待を連鎖させていくのであろうか。ここで前述したハーマンの言葉を引用しておかねばならない。「一般に思い込まれている『虐待の世代間伝播』に反して，圧倒的大多数の生存者は自分の子を虐待もせず，放置もしない。多くの生存者は自分の子どもが自分に似た悲しい運命に遭いはしないかと心底から恐れており，その予防に心を砕いている」(Herman, 1992) 筆者が心理カウンセリングの場面で出会うクライアントから教わることもまったく同じである。

この点，これまでの虐待の世代間連鎖を支持する研究は，実は研究者間ではその検証方法が実証性を欠く例が多く，疑問視されている。遠藤（1992）は，こうした従前の研究方法を見直すべく，愛着の世代間伝達研究にその実証検証が委ねられていると，その研究動向を述べている。虐待が世代間連鎖するという命題の正否は，これらの研究結果を待たねばならない。

以上，被虐待児（者）の所見はさまざまあるが，ここでは愛着関係に視点をおいて概観した。虐待は，一言にすると愛着の破壊である。虐待被害は愛着関係が保証してくれるはずの「つながりと安心」が根こそぎにされ，自ら愛着を求めることにも愛着を受け取ることにも根深い葛藤をもたらすものになる。この意味

で，虐待被害からの回復とは，愛着の希求の封印と葛藤を解いて，人とのつながりに安心を見つけていくことである。それには，これまで自己否定してきた被虐待児（者）が，実は，自分が普通でない家庭で育ち，普通でない生き方を強いられてきたこと，それがどんなにつらく，我慢が必要だったかを理解し，ここまで懸命にサバイバルしてきた自分を肯定することが必要である。その理解と自己受容によって頑強であった症状も軽快していく。このとき，支援者が，助けを求められずに孤立している彼らを見つけ，声なき声を聴けるようになることが必要なのは言うまでもない。

COLUMUN｜虐待の世代間連鎖研究の問題点と新たな研究動向

　これまで広く支持されてきた虐待の世代間連鎖研究は，今日，その方法について多数の問題点が指摘されている。例えば，虐待連鎖の算定に関して，①虐待の定義を拡げすぎていること（虐待が正しく評価されずに世代間連鎖していると見誤られる），②親に被虐待体験があったかどうか，親の回顧によって判定していること（「思いだしバイアス」がかかって，被虐待体験が正しく評価されない）などである。すなわち，これまでの回顧的研究方法では，その親は子を本当に虐待しているのか，その親は本当に虐待を受けて育ったのか，いずれの判定も疑わしいケースが算定対象に混入している可能性が高い。特に②の思いだしバイアスとは，（本当に）虐待されてきた親は，自分が虐待されてきた事実を否認し，（本当に）子を虐待している親は，自ら親に虐待されてきたと主張する傾向を指すが，これらの心理を理解していないとその陳述から事実を聴き取ることは非常に難しい。

　以上，これまで中心であった回顧的な研究では虐待の世代間連鎖を決定づける証拠は見出しがたい。代わってそれを実証するには被虐待児の発達過程を実際に追って，育児の観察所見を得ることが必要と認識されるようになった。これは3世代にわたる縦断研究であり，その初期の研究結果が報告されつつある。それらによれば，数多くの被虐児が発達過程で自分の愛着スタイルを変化させ，親から与えられなかった愛着関係を他者との間に成立させていることが明らかになってきている。これらの親は，いずれも一定の内省力を持つことが共通しているという。それは，子の痛みを理解する親は虐待を連鎖しないことを物語っている。これは，筆者が心理カウンセリングで得る見解と一致しており，この研究の進展によって介入の現場に新たなガイドラインが示されることが期待される。

文　献

American Psychiatric Association（2013）. *Diagnostic and Statistical Manual of Mental Disorders, 5th edition*（*DSM-5*）. American Psychiatric Association.（日本精神神経学会日本語版用語監修，高橋三郎，大野裕監訳（2014）．DSM-5 精神疾患の分類と診断の手引き．医学書院．

Belsky, J.（1993）. Etiology of child maltreatment: A developmental-ecological analysis. *Psychological Bulletin,* 114（3），413-434.

Brockington, I. F.／吉田敬子訳（2003）．母子間のボンディング形成の障害の診断学的意義．精神科診断学，14（1），7-17．

Corby, B.（2000）. *Child abuse 2nd edition*. Open University Press.（萩原重夫訳（2002）．子ども虐待の歴史と理論．明石書店）

遠藤利彦（1992）．内的作業モデルと愛着の世代間伝達．東京大学教育学部紀要，32, 203-220．

Herman, J.L.（1992）. *Trauma and recovery: The aftermath of violence-from domestic abuse to political Terror*. Basic Books.（中井久夫訳（1999）．心的外傷と回復［増補版］．みすず書房）

Kempe, C. H. et al.（1962）. The battered-child syndrome. *Journal of the American Medical Association,* 181, 17-24.

Miller-Perrin, C. L., Perrin, R. D.（1999）. *Child maltreatment: An introduction*. Sage Publications.（伊藤友里訳（2003）．子ども虐待問題の理論と研究．明石書店）

西澤哲（1994）．子どもの虐待─子どもと家族への治療的アプローチ．誠信書房．

小林隆児・遠藤利彦編（2012）「甘え」とアタッチメント．遠見書房．

高橋和巳（2014）．消えたい─虐待された人の生き方から知る心の幸せ．筑摩書房．

高橋和巳，野口洋一，箱崎幸恵（2015）．児童虐待防止─支援者のためのケースワーク．カウンセリングガイドブック．児童虐待防止─支援者のための講座事務局．［group_stop_gyakutai@yahoo.co.jp．］

BOOK GUIDE

高橋和巳著『消えたい──虐待された人の生き方から知る心の幸せ』筑摩書房，2014年｜本書は，被虐待児（者）の心理とその回復を当事者の言葉とその体験から解き明かす．治療の場で「死にたい」ではなく「消えたい」と言う彼らは，この世界をどう眺め，どう感じているのか，その厳しい生き方が当事者視点からリアルに描かれ，誤解の多かった虐待理論が再構築されていく．

（のぐち・よういち／あさくさばしファミリーカウンセリングルーム）

特別講義 II
家族療法の基礎

中村伸一 Shin-Ichi Nakamura

この章のねらい | 家族への心理的支援法として家族療法（家族カウンセリングともいう）についての基礎知識を提供する。まず心理療法としての家族療法が成立する前提として，「家族とは何か」について家族療法家である筆者の定義を示す。その上で家族療法のエッセンスを箇条書きにし，その適用問題や症状を示した。次にコミュニケーション論に基づいた家族療法，家族の構造を変化させようとする家族療法，そして，家族の歴史を扱うことで現在の家族関係に変化をおよぼす多世代家族療法と，そこで必ず用いられるジェノグラムとその解釈上の着眼点を示した。
キーワード | 家族療法，家族システム論，ジェノグラム

I 家族とは

　家族社会学の立場などからも「家族」の定義があるだろうが，ここでは家族療法家としての筆者の定義を示しておきたい。おおよそ以下の8項目からなる。

(1) **情緒的・経済的・物理的基盤を個人が出生してから長らく供給する主に婚姻と血縁および養子縁組などからなる集団**

　現在では，入籍はしていないが，同居をつづけている男女もあり，「事実婚」と呼ばれることもある。また，同性間の婚姻はわが国では認められていないものの，ある地域では同居の権利が認められ，これも「事実婚」と考えられる。たとえ婚外子と暮らすシングルマザーでも家族といえる。

(2) **子どもが生まれ成長し独立して，あらたな家族を形成するという歴史的連鎖（家族ライフサイクル）が営まれる集団**

　本書の章立て自体が家族ライフサイクルに沿ってもいるが，ごく簡単にそのステージを6段階に分けて紹介し，それぞれのステージにおける課題と典型的な問

題を示す（**表①**）。ただし，わが国においても4組に1組は離婚するので，表に示すステージは，4分の3組におけるものであり，これを標準的な家族ライフサイクルとは言い切れない。

(3)「帰属意識」や「忠誠心」が生まれる集団（「世間体」と「恥」意識）

家族員間では当然のように帰属意識が生まれる。とりわけわが国では伝統的に

表① 家族ライフサイクル	
1｜出会い－婚約－結婚	どこでどのように出会い，結婚を決めたかは重要である。わが国では結婚する夫婦の両親が関与してくることがとても多く，「夫婦中心」の家庭を築くのか，「家」を重んじた家庭を築くのかが重要となる。いずれにしても結婚は文化の違う男女が出会う「異文化体験」であり，そこに新しい文化を生み出すのか，あるいは一方の文化を継承するのかを巡って，ときに葛藤的となる。 [問題] 夫婦の役割分担の齟齬，セックスレス，嫁姑緊張，妻の「うつ状態」など
2｜就学前の子どものいる家族	子育ての役割分担が重要な課題である。場合によっては祖父母に協力を仰ぐかどうかも決定しなくてはならない。一般に男性の方が伝統的・保守的になりやすく，「妻は子育てと家事」と主張することが多く，それに対して妻の方が不満を持つこともよくみられる。今日では経済的な理由から共稼ぎが主流になっており，家事・育児の夫婦でのアレンジメントが複雑になっているようだ。 [問題] 夫婦のコミュニケーション不足（それぞれの役割を果たすのが精いっぱいでお互いの努力が見えず不公平感を持ちやすい），妻のうつ病（重症化の兆しは「献立が立てられない」といった状態にみられやすく，筆者はこれを「献立うつ病」と命名している），キッチンドリンカー，児童虐待，浮気，高い離婚率
3｜小学生の子どものいる家族	一般的には平穏に過ぎるステージである。妻が本格的に仕事を始めたり再開したりする。 [問題] 子どもの分離不安型不登校，過剰適応型不登校，「いじめ」，妻の浮気
4｜思春期・青年期の子どものいる家族	子どもの問題で家族療法を求めてやってくることがもっとも多いステージである。これは，この時期が「親離れ－子離れ」が中心的なテーマになるからである。いわゆる"世代間境界"をどのように形成していけるかが重要なテーマになる。子どもの方から境界を侵害して親に依存し続けたり，逆に親があまりにも過干渉で，子との境界が健全に保てず，子の自立が阻まれる場合も散見される。子どもにとっては親よりもまずは同性の友達との親密さを育むことが重要であり，次いで異性への関心へと移っていく時期である。第二次性徴の発現と共に，自身のセクシュアリティに疑問や違和感を持つことがあるのもこのころである。その結果，ジェンダーアイデンティティに混乱をきたす者もいる。従来言われてきていた「反抗期」という用語はかなり誇張されたもので，実際のところ，子どものおおよそ8割は親に対する目立った反抗もなく経過する。ときに親から「うちの子は反抗期がないのですが，大丈夫でしょうか？」という相談があるが，この事実を伝え安心してもらうことも重要である。↗

「世間体」に対する「ウチ」としての家族の帰属意識や忠誠心が生まれた。「世間体」も「恥」もわが国の家族を理解する上で重要な概念である。一般的には「世間体」は，人に対する対面や体裁，面目のことを言う。しかし，この「世間」には，古くから「世間様に顔向けできない」といった個人や家族を取り囲む社会や交流のある人々にたいする畏敬の念が日本社会にはあった。これは社会に対して

		またこの時期は，両親の親（祖父母）が高齢に達し，祖父母の病気や老化のために両親はその世話もしなくてはならないという負荷も加わる。この世代が，「板挟み世代」（sandwich generation）と呼ばれるのは，こうした思春期・青年期の子どもとの自立を巡る摩擦と両親の世話の負荷との「板挟み」にあるという状況を表している。家族療法を求めて来談する多くの家族が，この家族ライフサイクルにあることもこうした理由からすれば不思議ではない。
		[問題] 不登校，家庭内暴力，拒食・過食，過換気発作，非行，子どもにいろいろな精神障害（統合失調症，感情障害，境界性パーソナリティ障害など）が出やすい，夫の「うつ病」，嫁姑葛藤，夫婦間葛藤あるいは不和
5	成人の子どものいる家族	子どもが自立し実家を離れたり，同居していても親が子を「大人」扱いし，明確な境界ができ，相互に成人として尊重しあえる。子どもが家を離れた場合には，より明確に残された両親が向き合う機会が増える。祖父母のいずれかが老化や病気によって死期が近づき，両親世代は介護に追われ，看取りの準備もしなくてはならない。
		[問題] 子の「ひきこもり」，「空の巣症候群」（妻の「うつ」と夫の無関心），祖父母の世話を巡るトラブル
6	子どもが結婚し新しい家族をつくる	子どもが結婚し，自分たちの家庭を持つことは，子の自立の象徴的な出来事である。さらにその間に子どもが誕生すれば，両親にとっては孫の誕生を喜ぶとともに孫にとって祖父母となる。この前後で，夫が会社員であれば「定年」を迎え，妻との夫婦中心の生活が，新婚時代以来再び到来する。ここでの夫婦の課題は，新婚時代と全く異なり，自分たちの両親（祖父母）を見送り，すでに始まっている「向老期」（社会学者の上野千鶴子が命名した，文字通り老人に向う時期の意）をいかに過ごすかというものである。共通の友人を持つこと，共通の新しい趣味や活動を始めてみることなどの工夫が必要となる。この時期は，夫婦の人生にとって最も豊かで充実した体験をしていることになる。つまり，自分たちの親の死に立ち会い，一方では，血のつながった「孫」がこの世に登場するといった自分たちの家族という舞台の上で死亡と誕生という人生の二大イベントを直に体験できるステージとなる。人生の流れを鳥瞰できる貴重な時期である。
		[問題] 夫の退職後の「うつ病」，何もすることのない夫が「濡れ落ち葉・粗大生ゴミ」などと疎まれる，夫のがん（とりわけ定年退職前後に発見されることが多いように思う），コミュニケーションのない夫婦，妻からの離婚の申し出，慢性化した身体病を苦にしての自殺

面目や体裁が損なわれるという「恥」の概念につながる。わが国の家族（正確には「家」思想を背景に持つ集団）は，その構成要素である個人を超えて，この「世間体」とそれに連動した「恥」を社会規範にして生活してきた。したがって個人の社会での問題行動や常軌を逸した行動は，その個人が所属する家族（「家」）の恥とされ，家族の全体責任が問われると恐れた。こうした構造は，社会だけでなく，例えば精神病者や障がい者を持つ家族のこうした家族員に対するスティグマ（負の烙印）を生むことにもなる。家庭内暴力やひきこもり，さらには不登校さえも家族は「世間」に知られまいとすることがよくある。

(4) 家族の「ウチとソト」とが区別される集団（家族の外的境界）

先述（3）で述べたように，わが国の「家族」の「ウチ」と「ソト」とを区別する境界は世代によって違ってくる。祖父母世代だと「先祖」も含めた「世間」と一線を画する「家」のイメージが家族の外的家族境界になるであろうが，近代の夫婦中心の核家族における夫婦は，その親を含めた同居家族を「家族」とみなすことが一般的である。

(5) 情緒的絆が強くなるために常に相互に影響を与えあう集団

結婚という夫婦の情緒的な親密さにはじまり，子どもが家族に誕生することで親子間の情緒的な絆が強まる。この親密さは，明確に言葉で表現されることもあれば，暗黙のうちに日常生活の行動によって示されることもある。

(6) 「だれもコミュニケーションをもたないことはできない」という原則がよくあてはまる集団

前項（5）で述べたように，絆が強まった状態では，家族内の人間関係が悪化し，離婚，絶縁，家出，失踪があったとしても，その個人は，元の家族という集団に，「拒否」というメッセージを送っていることになる。コミュニケーションという現象からみれば，家族には「だれもコミュニケーションをもたないことはできない」という原則が恒久的に存在する。

(7) 独自の「文化」（昔なら「家風」）を持つ集団

家族にはその独自の文化が醸成される。夫婦中心の核家族であっても，それぞれの夫婦が育ってきた出生家族の文化が何らかの形で持ち寄られ，妥協や混在を経ながら「文化」が形成される。「家」制度では，夫側の文化（「家風」）が継承される傾向にあった。

(8) 明確なルールや暗黙のルールを持つ集団

家族の経済を仕切るのはだれか，子育てや教育の責任を負うのはだれか，家族の情緒的雰囲気をコントロールするのはだれか，家族の将来を決定する責任を

持つのはだれかなど，家族それぞれに明確なルールや暗黙の了解が存在する。

II 家族療法とは

1. 家族療法の誕生と普及

　家族療法が誕生した背景についてごく簡単に述べたい。もともとは1950年代に，主に米国で，統合失調症の発生因として遺伝だけではない環境（家族）の影響があるのではないかという仮説が立てられ，それを検証すべく統合失調症患者のいる多くの家族を対象とした家族研究が盛んになった。その後，1970年代に入って，「一般システム論」が脚光を浴び，「システムとしての家族」というとらえ方が広まると同時に，一気にそれまでの家族研究から家族療法へと関心がシフトし，さまざまな家族療法が誕生した。1980年代には他の心理療法に肩を並べ隆盛を極めた。

　わが国も，米国の動向にほぼ5年遅れで追従することとなった。1984年に日本家族研究・家族療法学会が発足し，現在では多職種（医師，心理士，ソーシャルワーカー，看護師，教員，家庭裁判所調査官，保護観察官など）からなる1,000人を超える会員で成り立っている。臨床経験の共有，研究，教育研修，社会貢献活動，国際交流活動からなり，2017年からは学会認定の資格制度もスタートし，これからさらに多くの実践家を認定し，輩出しようとしているところである。

2. 家族療法の特徴

　家族療法では，既存の心理療法と違って以下の点に力点をおいて介入する。

(1) 個人の問題ではなく「関係」の問題として問題を定義し直し，家族の変化への資源を最大限に引き出し，家族関係を変化させ，症状や問題行動を消去したり軽減したりする心理療法

　既存の心理療法では，集団療法を除いてもっぱら個人の行動やパーソナリティ，内的心理に焦点が当てられ，具体的な対人関係について扱うものはほとんどなかった。家族療法はとりわけ家族員間の関係性についてアセスメントし，介入することが特徴である。

(2) 家族の過去・現在・未来のいずれか，もしくはそのいくつかを扱う心理療法

　現在の家族員間の関係を扱うばかりではなく，後述するようにジェノグラムを用いるなどして過去から現在に及ぶ歴史的な家族関係をも視野に入れることで家族関係に介入しようとする。さらに将来の家族関係を想定してもらうことで現在の家族関係にリジリアンスを醸成しようとする。

表② 家族療法の適用

子ども・青年における適用	
問題行動	不登校，家庭内暴力，ひきこもり，自傷行為，非行，薬物乱用，抜毛など
精神疾患	摂食障害，境界例，強迫性障害（特に巻き込み型），過換気症候群，外傷後ストレス障害（PTSD），精神遅滞（知的障がい）の心因反応，注意欠陥多動性障害（ADHD），発達障害など
心身症	アレルギー疾患，喘息，胃腸障害，肥満など
成人における適用（夫婦療法を含む）	
問題行動	児童虐待，DV，性機能障害，浮気，帰宅拒否，ギャンブル依存など
精神疾患	うつ病，不安障害，恐怖症，PTSD，境界例，高齢者の精神障害など
心身症	アレルギー疾患，胃腸障害，糖尿病，本態性高血圧，肥満など

(3) 個人と家族，家族とコミュニティの関係を視野に入れた心理療法

家族は個人とコミュニティの狭間に存在する特有な集団である。家族療法家は個人のみならず家族全体からコミュニティへの適応も視野に入れた介入を行う。

3. 家族療法の適用

精神科や心療内科，心理療法家さらにはソーシャルワーカーが扱うケースでは，圧倒的に家族関係がその持ち込まれた症状や問題に関係していることが多い。表②に主な家族療法の適用とされる疾患や問題について羅列した。

4. システム論とコミュニケーション・モデル

図①は，われわれ家族療法家の多くがイメージしているものである。例として摂食障害の場合を示している。摂食障害は左の個人システムに示してあるように，思考が強迫的，身体はやせ，やせていることを認知的に否定し，拒食を続け，感情の表出はきわめて少ないといった病態である。この子を家族は抱え症状を改善しようと必死になっている。この家族システムは，その患者の解決を求めて病院や保健所に助けを求めるが，もちろんのことやせ細った患者がクラスにいる学校システムも気が気ではない。このように家族システムを中心において個人とコミュニティが問題を解決しようとして相互に影響を与え続けている。

家族療法家は家族内の問題解決のための循環的コミュニケーション・モデルを想定する（図②）。この摂食障害の患者の場合でも，家族内ではこのようなコミュニケーションに陥っていると考える。これはいわば家族内における問題解決コミュニケーションであり，同時に問題維持のコミュニケーション・パターンであると考える。

図②では，いわゆる患者は「IP」と記載されている。IPとは Identified Patient の

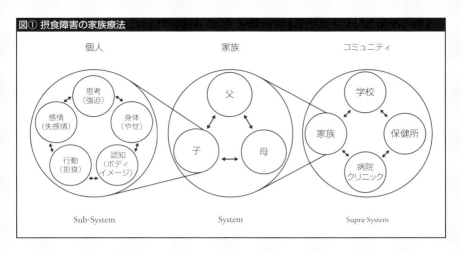

図① 摂食障害の家族療法

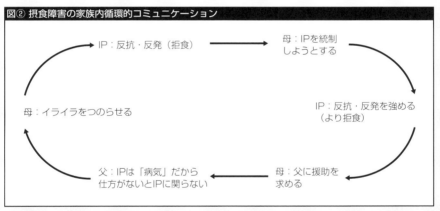

図② 摂食障害の家族内循環的コミュニケーション

頭文字で,「患者と同定されたもの」の意である。この考え方は家族システム論に由来する。すなわち家族に機能不全が生じることで,ある特定の家族員が症状や問題行動を示すという仮説によっている。つまり IP は家族の機能不全を表現している家族員なのであって,IP 自身に問題や症状の起源があるわけではないという仮説である。これはすぐれてシステミックで円環的因果律(circular causality)に則ったもので,「ウイルス感染が風邪症状の原因である」といった多くの医学が採用している直線的因果律(linear causality)とは異なり,特定の家族員を家族機能不全の「犯人」にしないという治療的利点がある。つまり「特定の個人のある特性」が問題なのではなく,家族員間の「関係性」が問題なのだという仮説である。

　もうひとつ例を挙げてこの円環的コミュニケーションの家族間相互関係を図

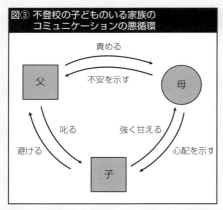
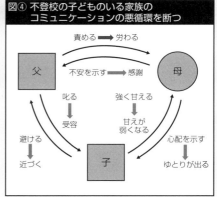

示してみたい。図③は不登校のこどものいる家族における問題解決コミュニケーションの典型的なパターンである。しかし，従来の「不登校」の原因はこのような円環的なものではなく，たとえば「過保護な母親」「疎遠な父親（父親不在）」など，家族の「誰か」が原因で息子が不登校になったという仮説に陥りやすい。しかし，われわれ家族療法家は図③のような相互影響的な家族関係を描く。このパターン自体，不登校という問題解決のために家族が引き起こしたパターンである。しかし，問題解決努力が問題を維持するという皮肉な結果を招いていることに家族は気づかないでいる。

そこで硬直したこうしたコミュニケーション・パターンを解決するために，治療者はこの六つの矢印の中の可変性のある一つの矢印にアプローチする。いわば一つ変わればすべてのコミュニケーションの質が変化しうるという仮説の元に介入する。図④はその例である。治療者は父親と信頼関係をまず築くことで，父親が治療者からの指示を受け入れやすくし，いままでの母親を責め立てることから「労わる」ようにさせる。この変化は他の残る五つの関係性を図④のように変えることができる。その結果，不登校という問題行動が解決する。

Ⅲ 家族の構造モデル

家族療法の主要な学派の一つとして，サルバドール・ミニューチン（Salvador Minuchin）の創始した構造派家族療法（Structural Family Therapy）がある。家族員間の心理・物理的距離とパワー（あるいはヒエラルキー）に注目し介入する。この際に，家族図（Family Map）を描くことでこうした家族員間の関係を図示する。

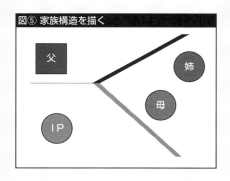
図⑤ 家族構造を描く

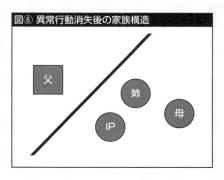
図⑥ 異常行動消失後の家族構造

　図⑤は，精神遅滞の中学生の娘の校内および家庭内暴力で来談した四人家族と面接をすることで把握できた家族図である。上方に描かれているものはパワーがあり，線（バウンダリー（境界線））の太さが関係性の距離を示す。パワーの順位は，父－姉－母－IPの順ということになる。高校生の長女の方が母よりもパワーがあるのは，やや知的に遅れている母親を社会性もあり知的にも問題のないと思われる長女が庇護し，母親も長女に依存していたからである。この親子のパワーの逆転も健常家族ではあまり見られないものである。父親と最もパワーのないIPとの間が細い線で区切られているのは，父親とIPとは疎遠な関係ではないことを示している。一方で姉と母とは，父やIPとのあいだに厚いバウンダリーが描かれ，母と姉の間にはバウンダリーは描かれておらず緊密な関係を示している。この緊密な二人は父とIPとから距離を隔てた関係にある。

　治療者は，父親と姉と協働的な関係を築くことで，今まで妹（IP）のことをさげすみ忌み嫌っていた姉が，IPの世話をすることで関係を改善し，母親もその姉の努力を認めるような関係に変化することができた（図⑥）。こうした家族構造の変化でIPの問題行動は消失した。

　図⑦は，健常青年の場合と不登校の子どものいる家族にみられる家族構造を図示したものである。左は健常の青年の場合で，父母の関係は良好で密であり，青年も両親との良好な関係があることを示している。両親は線で囲まれており，青年はその外にある。これは機能的な世代間境界（generational boundary）が維持されていることを示している。両親も青年も家族の外との交流があり，家族全体を囲んでいる家族の外的境界は，明確（実線）である。

　一方，右の不登校の青年のいる家族全体を囲む外的家族境界は左のものよりも太く描かれており，外的家族境界は強固（rigid）であることを示し，不登校青年と母親の家族外へのアクセスは破線で示されるように希薄（disengaged）となる。

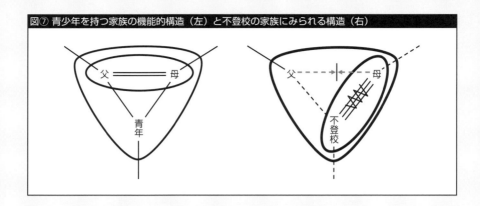

図⑦ 青少年を持つ家族の機能的構造（左）と不登校の家族にみられる構造（右）

これは家族外からの援助も受け入れず，かつ自分たちからもそれを求めることがないことを示している。

　この外的家族境界（external boundary）は，世代間境界などの内的家族境界（internal boundary）以上に重要といってもよい。つまり家族内の情報も家族外の情報も取捨選択され，ほどよく行き来できるような機能的な境界（clear boundary）であることが望まれる。多くの不登校や「ひきこもり」のいる家族ではこの外的家族境界が固く（rigid），家族外からの情報も入らず，外からの援助の手もが届きにくい家族となる。当然，こうした家族では，「来客」や「家族旅行」さらには「（家族揃っての）外食」もほとんどない。

　両親関係は潜在的で慢性的な葛藤状態があることが示され，母親と青年は家族内で孤立した二者関係を築き，強固な境界で描かれている。青年と母親との関係は緊密かつ葛藤的であることが示されている。

　このように家族構造を家族図で描くことで，叙述するとなると冗長になる記載も一瞥するだけでイメージとして治療者の脳裏に刻みやすくなる。

Ⅳ　家族の歴史を紐解く──ジェノグラムとそれを用いた事例

　同じく家族の歴史を視覚的に把握する方法として，ジェノグラム（Genogram）がある。**図⑧**は15歳の中学3年の女子が不登校になって来談した時点でのジェノグラムである。F（父），M（母），P（本人），S（妹）からなる核家族。□が男性で○が女性で，中の数字は年齢である。×がついて中に数字があるのはそのメンバーが死亡した年齢である。

図⑧ 来談時の問題

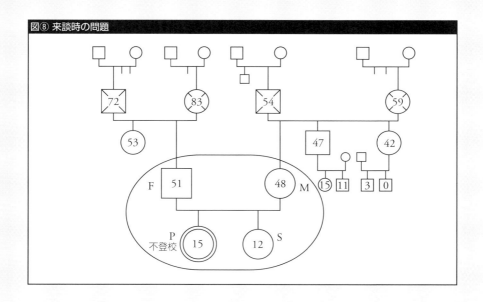

　約1年半で問題が解決した時点で，両親のみとの仕上げのための面接をもった。目的は長女の不登校の歴史的背景を両親関係・夫婦関係に立ち戻って振り返るためである。長らく家族と夫婦関係にコミットしてこなかったFが，長女の不登校の問題を契機に家族にコミットし，不登校の改善に協力する過程で，夫婦関係にも新婚時以上のような親密さを回復することができた。そこで結婚前からのジェノグラムを描くことで，夫婦がどのような生育史を背景に出会い結婚し，現在に至ったのかを示すことでより深い親密な夫婦関係を恒常的なものにするために行った面接である。以下，ごく簡明に説明したい。詳しくは拙著（中村，2011）にあたっていただきたい。

　図⑨はFが10歳，Mが7歳のジェノグラムである。筆者の描いたこのジェノグラムに夫婦は大変な興味を示した。破線はその後に生まれるメンバーを示している。Fはその父親と45歳も離れており，自ずとその関係は希薄で，Fの母親は長男であるFを過保護に育てた。Fの父は明治生まれで男尊女卑的な男性であり，のちにFもそのようになる。Fは母がこうした暴君的な父に辛抱強く従っていたのを覚えている。

　Mは利発な長女として，父親にめでられて育った。ただMの母は姑から嫁は忍耐することが大事だと教えられていた。Mの父は農家の次男だったが，都会に出て技術を得，商売が繁盛し比較的裕福な生活ができていた。

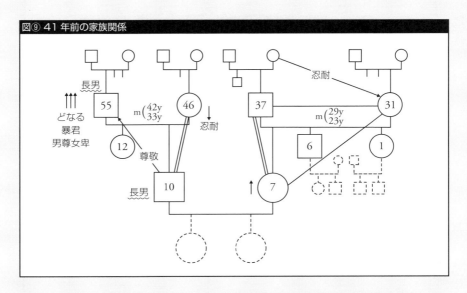

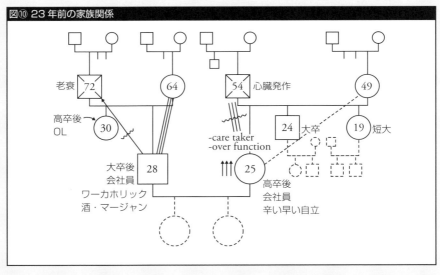

　23年前に，Fの家族にもMの家族にも重要な喪失体験が生じている（**図⑩**）。Fの父が亡くなり，長男であるFに母が依存することが多くなった。Fは有名大学を卒業し，大手企業で夜遅くまで働いた。忙しくすることで母からの支配的依存から逃れていたともいう。
　一方同じ時期に，Mの父が心臓を患い急死している。父の商売はこのころ傾

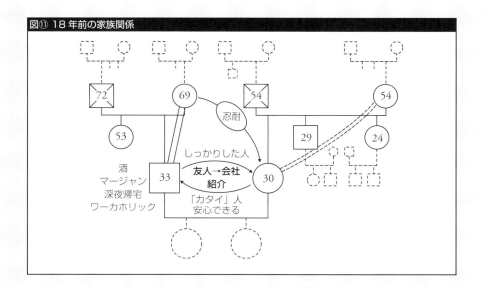

図⑪ 18年前の家族関係

いており，英語が優秀で大学も進められていたMは高校を卒業したものの，すぐに大手企業に勤め働かざるを得なかった。溺愛してくれていた父の死はMに早すぎる自立を余儀なくし，弟と妹の学費もMが出すなど，父に代わって一家の大黒柱になっていた。

図⑪はFとMとが出会った時期である。共通する友人の結婚式の披露宴のあとのパーティーで出会い，Fの方がMを見初め交際が始まった。Fはしっかりした女性としてのMに好意を抱き，家庭を任せて仕事に打ち込めると思った。Mは高学歴で仕事熱心なFに安定した未来を描いた。姑との関係は良好で，Mは帰宅の遅いFを辛抱強く待った。

13年前に不登校となる長女が生まれ，さらにMは次女を妊娠中である（図⑫）。この時期にMは母を胃がんで失う。FはMの傷心を全く気にすることもなく，あいかわらず仕事に身を投じていた。Mが2歳の長女に依存すること（かわいがるという依存）で傷心をいやそうとした。子育てや家族の問題についてFに意見を求めようとすると，Fは「家庭のことはお前に任せたと言ったろう」とMを怒鳴りつけるといった，Fの父がかつてとっていた態度を示し，Mはますます孤独になり長女に依存した。母親がこのような幼児であるわが子に依存するなどといったことは想像することが難しいかも知れないが，臨床で事例化する家族ではよく見られることである。

ついにFの母もMの介護むなしく亡くなった（図⑬）。このときFからMへの

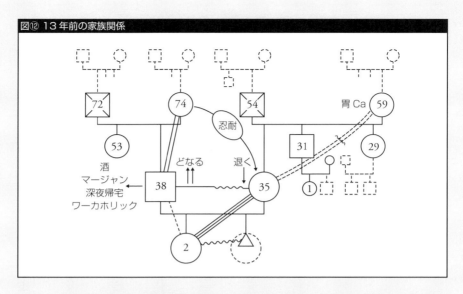

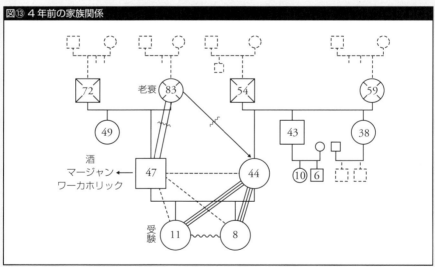

いたわりの言葉はなく，Mは落胆した。

Mは治療終結近く，自分の人生は，姑の介護ばかりではなく，母を看取り，子どもたちの世話をする毎日に明けくれていたことに気づいた。Fが面接でいたわりの言葉をぶっきらぼうにかけたときは涙していた。しかしこのころのMは長女の受験を迎え不安であった。高学歴のFに相談しても，「子どものことは，

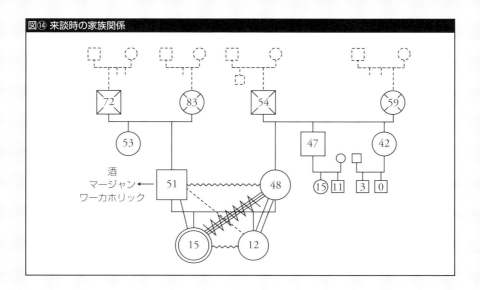

図⑭ 来談時の家族関係

お前の役割」の一言で拒絶され孤独だった。このMの不安を共有したのが長女であった。それでも長女はMに心配をかけまいと欠席することなく過剰適応的に通学していた。しかし、登校前の緊張は並みでなく、ついに腹痛が生じるようになる。ちょっとした欠席が「全か無か」の傾向の強い長女には許せるものではなく事態はさらに悪化していった。そうした中での来談となっていた。

長女は登校できない自分への苛立ちと不安をすべてMにぶつけていた（図⑭）。しだいにFもこの事態にコミットしはじめ、長女へのいたわりも示し始めた。FはMとは長女の扱いをめぐって葛藤関係にあったが、それでも今までのコミュニケーションがない状態に比べれば格段の進展である。いずれにしろ長女の不登校がFを家族の問題に向かわせることになった。両親は、これらのジェノグラムを治療者が提示することで、長女の不登校の歴史的背景を共有し、お互いを受け入れ、今までにない良好な夫婦関係を築けるようになっていった。

このようにジェノグラムを用いるなどして家族の歴史を紐解き、介入する家族療法の代表的な学派には多世代家族療法（Multigenerational Family Therapy）などがある。表③にジェノグラム・インタビューにおける着眼点を示した。

V おわりに

以上、家族と家族療法の考え方について主に筆者の臨床経験に沿って述べて

表③ ジェノグラム・インタビューにおける着眼点

❶ 現在の問題からはじめる
* その問題はいつからはじまったのか？
* だれが問題視したのか？
* 皆はその問題をどのようにとらえているのか？
* その問題にどのような反応をしているのか？
* 問題の発生前に何があったか？
* 問題は変化したのか？　どのように？
* 問題が続いたとしたらどんなことが起こるか？

❷ 家族のことをきいてゆく
* 一緒に住んでいるのは？（名前，年齢，性別）
* どのような関係？（夫婦，親子，祖父母など）
* 他の家族員はどこに住んでいる？
* 以前にも同じような問題があったか？
* 以前はどのように対処してきたのか？（治療，専門的援助，入院など）
* 最近家族のなかで起きたことは？
* 最近の家族の変化あるいはストレスと思われることは？

❸ 両親の実家について
* 同胞の数，名前，誕生日（年齢），出身地？
* 同胞順位
* 両親の結婚（あるいは別居，離婚，再婚）
* 両親の同胞の結婚（あるいは別居，離婚，再婚，子ども）
* 家族の死因

❹ 他の世代についてきく
* 両親の親（祖父母：名前，誕生日，年齢，死亡年齢）とその出身地
* 死因
* 祖父母の同胞（名前，死因とその時の年齢）

❺ 喪失にまつわる質問
* 予想しえた喪失？　予想できなかった喪失？
* 喪失があたえた影響あるいはインパクト
* 葬儀の形式（宗教など），参加者（規模など），リーダーシップ（喪主など）
* その喪失によって，その後家族に起こるであろうと予想されたこと
* 自死，交通事故，「あいまいな喪失」（遺品がない，失踪，認知症，植物状態）など
* そうした喪失によるスティグマやトラウマ
* 秘密にされた／謎めいた死因，なぜ？

❻ ジェンダーについて
* 今の家族のなかでの「男性の役割・女性の役割」：稼ぎ手，家事，育児など
* 前の世代の「男性の役割・女性の役割」
* 「家」思想のジェンダーへの影響
* ジェンダーにまつわるストレスや葛藤（LGBTQなども含めて）

❼ 家族の主なライフ・イベント
* 結婚（出会いの場／恋愛／見合い／交際期間など）
* 出産・誕生
* 死亡
* 引っ越し・単身赴任
* （急な）経済的困窮／経済的隆盛
* これらの変化に家族はどのように対応したのか？

❽ 家族関係をたずねる
* 隔絶した関係（cut-off）があるか？
* 同盟関係（alliance）があるか？
* 夫婦関係のパタン？　親子関係のパタン？
* それらはどのように形成され伝承されたか？（されなかったか？）
* 世代を超えてこれらのパタンが存在するかをみてみる

❾ 家族のなかでの「役割」
* 世話役？「病人」／「問題」な人？
* 「良い人」？「悪い人」？
* 「成功者」？「失敗者／落伍者」？
* 「素敵な人」？「冷酷な人」？「よそよそしい人」？

❿ 個人の機能
* 仕事（職種，転職，失業，成功と失敗など）
* 世襲制のある職業（住職，宮司，伝統芸能，農家，職人，医者，会社経営，政治家など）
* 学業（学歴，成績，大学名など）
* 医学的な問題（慢性疾患，遺伝性疾患，急性疾患など）
* 精神医学的疾患（統合失調症，躁うつ病，うつ病，不安障害，強迫性障害，知的障害，発達障害，ASDなど）
* 依存症（アルコール，薬物，ギャンブル，セックス，糖分など）
* 法にまつわる問題（触法行為，資格取り消し，訴訟，DV，児童虐待など）

きた。家族療法全体については，以下に紹介した『家族療法テキストブック』を参照していただきたい。

文　献

中村伸一（1997）．家族療法の視点．金剛出版．
中村伸一（2011）．夫婦・家族臨床の実践．金剛出版．
日本家族研究・家族療法学会編（2013）．家族療法テキストブック．金剛出版．

BOOK GUIDE

日本家族研究・家族療法学会編『家族療法テキストブック』 金剛出版，2013年｜日本の家族臨床家・研究者たちにより執筆された，本邦初の家族療法の網羅的な教科書。家族療法の歴史・概念・主な技法からさまざまな臨床現場の実践まで，家族療法の基礎と広がりを習得できる。

サルバドール・ミニューチンほか著（中村伸一・中釜洋子監訳）『家族・夫婦面接のための4ステップ——症状からシステムへ』 金剛出版，2010年｜本章で紹介した構造派家族療法の創始者，ミニューチンによる家族面接10ケースの逐語録。多様な背景を持つ来談家族への緻密な介入が四つのステップに沿って解説される。

中村伸一（なかむら・しんいち）

順天堂大学医学部卒業，医学博士。1989年に中村心理療法研究室を開設，現在に至る。精神科医としてサイコセラピーと心理アセスメント全般，特に家族療法の紹介・開発・普及につとめてきた第一人者。日本家族研究・家族療法学会前会長・評議員，アメリカ家族療法アカデミー正会員，アジア家族療法アカデミー評議員，包括システムによる日本ロールシャッハ学会元理事。治療的アセスメント・アジア・センター（ACTA）顧問。

主な著訳書に『家族療法の視点』（1997），『家族・夫婦臨床の実践』（2011），『家族療法テキストブック』（編集，2013），バーカー『家族療法の基礎』（監訳，1993），コトラー／カールソン『まずい面接』（監訳，2009），ミニューチンほか『家族・夫婦面接のための4ステップ』（監訳，2010），ペーパーナウ『ステップファミリーをいかに生き，育むか』（監訳，2015）（いずれも金剛出版），「[DVD]説き明かし・私の家族面接」（中島映像教材出版，2010）ほか多数。

あとがき───編著者の一人として

　多くの場合，この世の中に生をうけた人が初めて出会う集まりが家族である．人間の発達において家族は，子どもが生き方を学ぶうえで重要な意味を持つ集団であるが，さらに私たちの社会生活においても，家族は基本的な生活単位となり，かつ普遍的な現象であると言えるだろう．

　その一方で，産業構造の変化に伴う働き方の変化，そしてインターネットの普及した高度な情報化社会のもとでは，人とのつながりの方法やあり方も多様になった．個人の嗜好が尊重される現代では，恋愛や結婚に対する価値の置き方を含めた個人の生き方は，社会全体で共有されるというよりも，個別的な志向によるものが大きいだろう．

　社会の変動やコミュニティの変容とともに，個人の生活の基盤であった家族は，その形態や機能にも変化がみられるようになった．さらに，離婚や再婚を経験した家族においては，元配偶者同士の関係や別れた親子の関係，そして再婚後の継親子関係など，多様な親族・非親族の関係性に目を向けることが現代における「家族」のあり方を再考することにつながるのではないだろうか．21世紀を迎えた現在において，恋愛や結婚のあり方，そして離婚や再婚後の家族関係の持ち方など，これまでに経験したことのない，新たな家族のあり方が求められているとも言えるだろう．新しい家族のかたちは，緩やかでありながら，力強いつながりを求めていると言ってもよいかもしれない．

　このような現状を鑑みながら，本書では編著者と6名の執筆者により，「家族」を大きなテーマとしつつ，各章の執筆に至った．新進気鋭の若手研究者や現場の実践家，そして専門分野の大家まで，執筆者の顔ぶれは個性的であり，かつ躍動的で説得力に富む内容となった．編著者として執筆の労をとっていただいた6名の方々にはあらためて御礼を述べるとともに，本書が家族の抱える何らかの悩みや問題への支援に取り組んでいる方々の手に届き，多少でも有用な示唆をもたらすことを心から願うばかりである．

　最後に，本書の出版をご快諾いただいた金剛出版社長，立石正信氏ほか関係者の皆様に感謝の意を申しあげる．

2017年7月　野口康彦

家族の心理／変わる家族の新しいかたち

索引

人名

アドラー＝ベーダー（F. Adler-Baeder）
　‥‥‥‥‥‥‥‥‥‥‥‥‥‥‥071, 079
ウィニコット（D. W. Winnicott）‥‥‥‥147
ウィング（L. Wing）‥‥‥‥‥‥‥‥‥093
エリクソン（E. H. Erikson）‥‥‥087, 088, 106
ケンプ（C. H. Kempe）‥‥‥‥‥‥‥‥163
ゴットマン（J. M. Gottman）‥‥‥‥‥‥036
ハーマン（J. Herman）‥‥‥‥‥‥‥‥169
ピアジェ（J. Piaget）‥‥‥‥‥‥‥‥‥088
フロイト（S. Freud）‥‥‥‥‥‥‥‥‥146
ペーパーナウ（P. Papernow）‥‥‥‥077, 078
ベック（A. T. Beck）‥‥‥‥‥‥‥‥‥147
ボウルビィ（J. Bowlby）‥‥‥‥‥‥085, 086
マーラー（M. S. Mahler）‥‥‥‥‥‥‥086
ミニューチン（S. Minuchin）‥‥‥‥147, 180
ユング（C. G. Jung）‥‥‥‥‥‥‥‥‥106

アルファベット

AD/HD →注意欠如多動症
ASD →自閉スペクトラム症
DSM-5‥‥‥‥‥‥‥‥‥093, 094, 165-168
DV 環境‥‥‥‥‥‥‥‥‥‥‥‥‥‥124
DV 防止法‥‥‥‥‥‥‥‥‥‥‥‥‥157
IP（Identified Patient）‥‥‥‥178, 179, 181
M 字型労働力曲線‥‥‥‥‥‥‥‥‥‥005
PTSD‥‥‥‥‥‥‥‥‥‥‥158, 166, 178
　複雑性——‥‥‥‥‥‥‥‥‥‥‥167
RNR 原則‥‥‥‥‥‥‥‥‥‥‥‥‥146
SAA（Stepfamily Association of America）
　‥‥‥‥‥‥‥‥‥‥‥‥‥‥071, 074, 079
SAJ（Stepfamily Association of Japan）
　‥‥‥‥‥‥‥‥‥‥‥‥‥‥074, 075, 079
SLD →限局性学習症
WISC 知能テスト‥‥‥‥‥‥‥‥‥‥129

あ

愛着‥‥‥‥‥‥‥‥110, 121, 125-128, 131
　——関係‥‥‥‥065, 086, 093, 128, 161, 163-171
　——の世代間伝達研究‥‥‥‥‥‥‥170
アウトサイダー（継親）‥‥‥‥‥‥‥077
アタッチメント‥‥‥‥‥‥085, 086, 161, 167
イエ制度‥‥‥‥‥‥‥‥‥‥‥‥004, 176

いじめ‥‥‥‥‥‥‥‥‥‥‥‥‥‥‥097
　——の構造‥‥‥‥‥‥‥‥‥‥‥098
　——の定義‥‥‥‥‥‥‥‥‥‥‥097
　——の認知件数‥‥‥‥‥‥‥‥‥098
　——問題‥‥‥‥‥‥‥‥‥‥097, 098
いじめ防止対策推進法‥‥‥‥‥‥‥‥097
一般システム論‥‥‥‥‥‥‥‥‥‥‥177
一般短期保護観察‥‥‥‥‥‥‥‥‥‥149
インサイダー（実親）‥‥‥‥‥‥‥‥077
エピソード記憶‥‥‥‥‥‥‥‥‥‥‥130
円環的因果律‥‥‥‥‥‥‥‥‥‥‥‥179
親が離婚した子どもの数‥‥‥‥‥‥‥056
親教育プログラム‥‥‥‥‥‥‥‥065, 067
親子間の葛藤‥‥‥‥‥‥‥085, 092, 093, 108

か

外見的魅力‥‥‥‥‥‥‥‥‥‥‥‥‥013
介護
　——のジェンダー化‥‥‥‥‥‥‥114
　——の社会化‥‥‥‥‥‥‥‥114, 116
　——問題‥‥‥‥‥‥‥‥‥‥‥‥113
介護保険法‥‥‥‥‥‥‥‥‥‥‥‥‥116
外的家族境界‥‥‥‥‥‥‥‥176, 181, 182
学習障害‥‥‥‥‥‥‥‥‥‥‥‥094, 142
学童期‥‥‥‥‥‥‥‥‥085-088, 094, 104, 121
家事事件‥‥‥‥‥061, 063, 139, 150, 152, 157, 158
家事事件手続法‥‥‥‥‥‥‥‥‥‥152, 157
家事調停‥‥‥‥‥‥‥‥‥‥‥111, 115, 150
家族
　——の機能‥‥‥‥‥‥003, 008, 009, 179, 182
　——の機能的な境界‥‥‥‥‥‥‥‥182
　——の個人化‥‥‥‥‥‥‥‥003, 005-007
　——の定義‥‥‥‥‥‥‥‥‥‥003, 173
家族カウンセリング‥‥‥‥‥‥‥‥‥173
家族境界の曖昧さ‥‥‥‥‥‥‥‥071, 074
家族療法‥‥‥‥‥‥‥‥‥146-148, 173-189
　構造派——‥‥‥‥‥‥‥‥‥‥147, 180
　多世代——‥‥‥‥‥‥‥‥‥‥‥187
価値観の不一致‥‥‥‥‥‥‥‥‥‥‥022
学校恐怖症‥‥‥‥‥‥‥‥‥‥‥‥‥090
家庭裁判所
　‥‥‥‥111, 115, 139-144, 148-151, 155-159
　——調査官‥‥‥‥107, 117, 143, 144, 151, 177

192　索引

家督相続·································004
家父長制·································004
「ガラスの天井」··························112
記憶機能·····························128, 130
基本的信頼感····························086
虐待環境からの生存者···················169
虐待の世代間連鎖·········122, 158, 164, 170
　　──研究·······························171
虐待の定義······················162, 163, 171
虐待の要因································163
凶悪事件··································140
教育支援センター························091
教育的措置···························144, 148
境界知能························092, 093, 165
協議離婚················056, 057, 061, 150
強制執行··································156
共同養育······························064, 077
ぐ犯··141
継親子関係······················071, 072, 075
形式的操作段階····························088
継続家族モデル···························077
継父·····················072, 075, 077, 079-081
結婚生活におけるストレス················034
結婚生活満足感········027, 029-037, 039-042
　　──のU字仮説··················029, 030
　　──の性差···························041
結婚の幻想·························027, 037
結婚前教育·························027, 042
限局性学習症·····························094
合計特殊出生率·····················052, 053
後見人·································117, 118
交通短期保護観察························149
交通保護観察····························149
高度経済成長期····················004, 121
広汎性発達障害····················094, 142
高齢社会··································113
コーピング·············027, 031, 034-037
　　──の効果···························036
　　──方略·······························036
国際結婚·····················052, 054, 056
国際的な子の奪取の民事上の側面に関する
　条約（ハーグ条約）··················053
国際離婚·····················052, 053, 055
戸主制度··································004
国境を越えた「子どもの連れ去り」·····053
子連れ再婚·······························071
子連れ離婚·······························056
子どもの最善の利益·····················064
子どもの社会化··························009

「子どもの養育に関する合意書作成の手引き
　とQ&A」··························068, 081
コミットメント
　　回避·····························019, 020
　　機能的··························109, 110
　　人格的··························109, 110
　　接近·····························019, 020
　　非自発的·······················109, 110
コミュニケーション
　　──の原則···························176
　　円環的·································179
　　中年期夫婦の──態度············110
　　夫婦の──の質·····················034
　　コミュニティ·········104, 105, 121, 178
婚姻率·································047, 048
　　諸外国の──························049
婚外子·································005, 173

さ

再婚
　　──の増加···························005
　　──の割合···························054
財産相続··································004
再犯者率の増加··························148
サクセスフルエイジング············103, 118
ジェノグラム·············173, 177, 182, 183
　　──インタビュー··············187, 188
自我同一性······················088, 092, 169
自己開示··································034
事実婚·································005, 173
思春期········085-088, 092-096, 132, 169, 174
システム論······················173, 177-179
失恋································013, 023, 024
児童虐待···095, 121, 142, 150, 162, 174, 178, 188
児童虐待防止法··························162
児童の意見表明権························154
児童の権利条約············064, 067, 081, 154
児童の最善の利益························154
児童福祉法第28条審判··················150
自閉症······························093, 094, 142
自閉スペクトラム症·················094, 188
シャドウ・ワーク························008
熟年······················056, 103, 106, 111
　　──離婚····················056, 057, 112
出生率の低下·······················004, 005
循環的コミュニケーション・モデル······178
少子化················027, 051, 056, 114, 116, 152
少子高齢化·························004, 116
情緒的ネグレクト························096
少年院·································144, 148

少年事件	140-149, 158
——新受件数	141
少年審判	108, 143-145, 148
少年非行	140, 141, 143
少年法	141, 143, 145
初婚家族	071-077
女性の社会進出	003-008
神経質・抑うつ傾向	031, 041
親権	004
——者	056-058, 150, 155
人口置き換え水準	052
「人生の午後」	106
人生の長期化	006
身体的虐待	163
審判離婚	056, 057
心理・社会的休儒症	123
心理教育	065, 066, 067, 078
心理的虐待	096, 122, 124, 163
心理的自立	088
心理的治療	078
心理的ネグレクト	165
推理機能	128, 130
スクールカースト	099
スクールカウンセラー活用調査研究委託事業	090
スクールカウンセラー等活用事業補助	090
ステップファミリー	054, 071
——の特徴	072
——の二つの家族モデル	076
——の八つの思い込み	074
ストーキング	023
ストレス反応	035
ストレッサー	034, 035, 099
スマートフォン	099
生活単位の個別化	006
性差	
恋愛の——	016
結婚生活満足感の——	041
脳の発生過程の——	131, 132
脆弱性	131
精神分析学	146
性的虐待	163, 166
性的満足感	031, 033, 039
青年期	088, 104-108, 112, 121, 130-133, 167, 174
成年後見制度	117, 118
性別役割分業	003-009
世間体	174-176
世代間境界	174, 181, 182
世代性対停滞	104-106
前頭連合野	124, 130, 132
セントラルエイト	146
喪失体験	072, 184
相続法	004
相対的貧困率	059, 060
粗暴事件	140

た

第一次反抗期	086
対人スキル	078
対人ストレス発生モデル	034, 035
対人魅力	013, 024
代替家族モデル	076
第二次性徴	088, 174
大脳辺縁系	123, 124, 130
多世代家族療法	173, 187
脱価値化	088
脱抑制型対人交流障害	167
単身世帯の増加	005
単独親権制度	056, 066, 067
知的能力障害	094, 161, 165, 166
知能	092, 123-129, 165
言語性——	129
動作性——	129
注意欠如・多動症	093, 094, 142
忠誠葛藤	066, 078, 153
超高齢社会	113
調停委員	111, 150-152
調停離婚	056, 057
直線的因果律	179
適応指導教室	091
登校拒否	090
同棲	020, 077, 105
独立と依存	088
ドメスティック・バイオレンス	009, 169
トラウマ治療	078
ドルプレイ	126

な

内的家族境界	182
内的作業モデル	085, 086
人間発達の可塑性	133
認諾離婚	056, 057
認知行動療法	147
認知的評価（ストレッサーの）	034
認知能力	130
ネグレクト	096, 122, 163, 165, 167
年金分割	115
年齢層別女性労働力率	005
ノーマライズ	075, 078

は

配偶者控除 …………………………………008
発散行動 ……………………………………024
発達課題 ………………087, 088, 104, 105, 121
発達障害 ……… 085, 092-097, 122, 142, 168, 188
発達速度曲線 ………………………………126
判決離婚 ………………………………056, 057
反抗期 ………………086, 095, 107, 169, 174
晩婚化 …………004, 005, 027, 051, 056, 071
犯罪の定義 …………………………………141
犯罪被害者基本法 …………………………145
晩産化 ………………………………………051
反応性アタッチメント障害 …………161, 167
被害者感情 ……………………………144, 145
ひきこもり …………………096, 175-178, 182
非行原因 ……………………………………142
非婚化 …………………………048, 050, 056
非婚カップル ………………………………005
人見知り ………………………………127, 168
ひとり親家庭の貧困 ………………………058
ひとり親世帯の増加 ………………………005
ファミリーアイデンティティ ……………003
夫婦関係の再体制化 ………………………106
夫婦間のコミュニケーション …033, 039, 041
夫婦の類似性 ………………………………033
夫婦療法 ………………………041, 042, 178
不登校 … 056, 085, 089-097, 174-176, 180-187
　　──児童生徒数 …………………056, 089
　　──児童生徒の心理的背景 ……091, 094
分離−個体化理論 …………………………086
分離不安 ………………090, 125-129, 174
平均出生時年齢 ……………………………051
平均初婚年齢 ………………………………051
返報性 …………………………………013-016
　　──一般的── …………………………
　　──好意の── ………………………014-016
　　──二者間── ……………………………016
法務省式ケースアセスメントツール（MJCA）
　………………………………………………146
保護観察 ………………107, 144, 148, 149
保護司 ………………………………………149
保護命令 ……………………………………157
補償教育 ………………125, 126, 130, 133

ま

継親と継子 ……………………………073, 076
継母 ……………………………………072-080
未婚化 …………………027, 048, 050, 056, 071
未婚率 ………………… 005, 027-029, 048-051
　　生涯── ……………………………048, 050
　　生涯──の年次推移 …………………050
　　年齢別──の年次推移 ………………050
未練行動 ……………………………………024
民法第766条 …………………059, 067, 081
面会交流 ……………………………047, 053,
　056, 059-068, 072-077, 081, 150, 153-157
　　監督つき── ……………………………065

や

役割葛藤 ……………………………………039
養育計画 ………………………………065, 067
養育費 ……… 047, 056, 059-068, 081, 150-152
　　──算定表 ………………………………151
養育放棄 ………………………………124-125
養子縁組 ………………………076, 150, 173
要保護性 ………………………143, 144, 148

ら

ライフコースの選択 ………………………105
ライフサイクル …………103-105, 173-175
　　家族の── ………………………103-105
　　個人の── ………………………103-105
ライフシフト ………………………………118
離婚 ……………………………………………047
　　──が子どもに与える影響 ……063, 065
　　──率 …………004, 038, 042, 047, 048, 077
　　諸外国の── ……………………………049
離婚調停 ………………………150-153, 157
恋愛 ……………………………………………013
　　──行動 …………………………017-019
連合機能 ………………………………128, 130
老年期の課題 ………………………………114

わ

ワーキングメモリー ………………………130
ワーク・ライフ・バランス ………112, 113
和解離婚 ……………………………………056
別れの主導権 …………………………021-024

［著者］

［序　章］	**小田切紀子**（おだぎり・のりこ）	編者
［第1章］	**仲嶺　　真**（なかみね・しん）	筑波大学人間系／日本学術振興会特別研究員
［第2章］	**加藤　　司**（かとう・つかさ）	東洋大学社会学部社会心理学科教授
［第3章］	**青木　　聡**（あおき・あきら）	編者
［第4章］	**小田切紀子**（おだぎり・のりこ）	編者
［第5章］	**野口康彦**（のぐち・やすひこ）	編者
［第6章］	**井村たかね**（いむら・たかね）	さいたま家庭裁判所家事調停委員・聖徳大学大学院兼任講師。心理学博士，臨床心理士。家庭裁判所調査官として27年勤務。2002年から聖徳大学心理福祉学部心理学科，同大学院臨床心理学研究科教授。
特別講義Ⅰ	**内田伸子**（うちだ・のぶこ）	十文字学園理事・十文字学園女子大学特任教授，福岡女学院大学大学院客員教授，お茶の水女子大学名誉教授。発達心理学，言語心理学，認知科学，保育学。学術博士
［第7章］	**町田隆司**（まちだ・りゅうじ）	大阪家庭裁判所で家庭裁判所調査官補として採用され，以後，各地の家庭裁判所で勤務。現在，横浜家庭裁判所主任家庭裁判所調査官。臨床心理士。
［第8章］	**野口洋一**（のぐち・よういち）	あさくさばしファミリーカウンセリングルーム室長
特別講義Ⅱ	**中村伸一**（なかむら・しんいち）	中村心理療法研究室，精神科医師

COLUMUN

［序　章］	「家庭内のシャドウ・ワーク」	**宇井美代子**（うい・みよこ）	玉川大学文学部人間学科
［第1章］	「ストーキング」	**松井　豊**（まつい・ゆたか）	筑波大学人間系
［第4章］	「SAJの活動」	**緒倉珠巳**（おぐら・たまみ）	Stepfamily Association of Japan 代表

［編　者］

小田切紀子（おだぎり・のりこ）
東京国際大学人間社会学部教授。博士（心理学）。臨床心理士。SVN公認の監督付き面会交流支援者のトレーニング修了。ハーグ条約事案対応の国際家事ADRあっせん人（東京弁護士会紛争解決センター）。アメリカ・オレゴン州，ケンタッキー州で離婚後の親教育プログラムのトレーニングを受け，日本で同僚と実践。著書に『離婚――前を向いて歩きつづけるために』（単著，2010年，サイエンス社），「ひとり親・再婚家庭の子ども」（共著，山口義枝編『乳幼児・児童の心理臨床』，2011年，放送大学教育振興会）などがある。

野口康彦（のぐち・やすひこ）
茨城大学人文社会科学部教授。博士（学術）。臨床心理士と精神保健福祉士ならびに社会福祉士の資格を有する。公立小中学校のスクールカウンセラーとしての経験は16年にわたる。著書に『親の離婚を経験した子どもの精神発達に関する研究』（風間書房），『子どもの心と臨床発達』（櫻井しのぶとの共著，学陽書房）など。

青木　聡（あおき・あきら）
大正大学心理社会学部臨床心理学科教授。臨床心理士。あずま通り心理臨床オフィス開設。AFCC公認の監護評価者およびペアレンティング・コーディネイターのトレーニング修了。SVN公認の監督付き面会交流支援者のトレーニング修了。ハーグ条約事案対応の国際家事ADRあっせん人（東京弁護士会紛争解決センター）。訳書に，エリザベス・セイアー＆ジェフリー・ツィンマーマン著『離婚後の共同子育て』（コスモスライブラリー），リチャード・ウォーシャック著『離婚毒』（誠信書房），J・A・ロス＆J・コーコラン著『離婚後の共同養育と面会交流――実践ガイド』（小田切紀子との共訳，北大路書房），エイミー・ベイカー＆ポール・ファイン著『離婚家庭の子育て』（春秋社）（a_aoki@mail.tais.ac.jp）

家族の心理
変わる家族の新しいかたち

2017年9月10日　初刷
2023年3月10日　2刷

編　者　小田切紀子・野口康彦・青木　聡
発行者　立石正信
発行所　株式会社　金剛出版　〒112-0005 東京都文京区水道1丁目5番16号升本ビル二階
　　　　電話　03-3815-6661　振替　00120-6-34848
印　刷　平河工業社
製　本　誠製本株式会社
装　幀　粕谷浩義

ISBN 978-4-7724-1577-4　C3011　　　　　　　　　　　　©2017 Printed in Japan

家族療法テキストブック

[編]=日本家族研究・家族療法学会

●B5判 ●上製 ●360頁 ●定価6,160円
● ISBN978-4-7724-1317-6 C3011

家族療法の理論と実践を集大成した,
本邦の家族療法家たちによる
初の家族療法の教科書。

アタッチメント・スタイル面接の理論と実践
家族の見立て・ケア・介入

[著]=J・E・エクスナー　[監訳]=吉田敬子 林もも子 池田真理

●B5判 ●並製 ●350頁 ●定価4,620円
● ISBN978-4-7724-1563-7 C3011

人間が生まれながらに持つ基本的欲求「アタッチメント」の
理論的背景,臨床場面で評価する面接法,
スタイルに応じた介入を解説する。

テキスト家族心理学

[編著]=若島孔文 野口修司

●A5判 ●上製 ●288頁 ●定価4,620円
● ISBN978-4-7724-1838-6 C3011

家族心理学の基礎研究から実践応用まで
家族心理学研究の成果を網羅した,
初学者から熟練者まで役に立つ決定版テキスト。

価格は10%税込です。